SHODENSHA SHINSHO

北朝鮮発 第三次世界大戦

柏原竜一

JN184214

祥伝社新書

まえがき――北朝鮮危機は日本に何をもたらすのか

北朝鮮の首領として金正恩《キムジョンウン》が2011年に就任して以来、極東アジアの情勢は日に日に戦争に近づいているように見えます。繰り返される核実験に、ミサイル実験、相次いで繰り出される挑戦的な発言。これらはみな、全世界に戦争の予兆として受け取られています。

それに輪をかけたのが、トランプ大統領の就任でした。北朝鮮周辺で次々と大規模な軍事演習を繰り出し、しきりに先制攻撃を匂わせています。さらには、金正恩を「チビのロケットマン」と侮蔑《ぶべつ》し、核開発をあきらめなければ、北朝鮮全体を滅ぼすと主張しています。

金正恩の言動と合わせて考えれば、世界はまさに戦争寸前といえそうです。

しかし、北朝鮮は本当に戦争を望んでいるのでしょうか。また、トランプ大統領は北朝鮮を言葉どおり滅ぼそうとしているのでしょうか。

本書の第一の目的は、朝鮮半島情勢の趨勢《すうせい》を決定する北朝鮮の意図を明らかにすることです。第二の目的は、来たるべき第二次朝鮮戦争はどう展開するのか、北朝鮮の核は日本にどの程度の被害をもたらすかを明らかにすることです。朝鮮半島での軍事衝突は、短期で終わらず、人的・経済的被害も大きくなります。さらに、米朝だけを取り上げるのではなく、中国、ロシア、インド、中東諸国の情勢を総合的に判断した上で、世界大戦の可能性を評価するというのが、本書の第三の目的になります。

インテリジェンス（情報分析）の核心は、誰もが知っている幾多もの情報をどう整理するかという点にかかっています。要は、カードの並べ方です。本書では、多くの報道、レポートなどを参考に、あり得る未来を描き出しました。読者にとって意外な結論が導けていたとすれば、筆者にとってこれに勝る喜びはありません。

２０１７年初冬に

柏《かし》原《はら》竜《りゅう》一《いち》

目次——北朝鮮発　第三次世界大戦

1章　北朝鮮は何をしたいのか

1節　わかりづらい核戦略の意図

技術は着実に向上している

2016年初頭から、北朝鮮のミサイル発射実験・核実験が続いています。その現状を整理しておきましょう。

まず、同年1月6日、東部の豊渓里《プンゲリ》における核実験を皮切りに、執拗《しつよう》に実験が繰り返されています。飛翔《ひしょう》距離が800キロメートルを超えるミサイル発射実験を挙げるだけでも、次のようになります。

2月7日に西岸・東倉里《トンチャンリ》から発射された「テポドン2」派生型、
3月18日には西岸・粛川《スクチョン》付近から「ノドン」と推定される弾道ミサイル1発、
8月3日には西岸・殷栗《ウンニュル》付近から「ノドン」と推定される弾道ミサイル2発、
9月5日には西岸・黄州《ファンジュ》付近から「スカッドER」と推定される弾道ミサイル3発、
2017年3月6日には東倉里付近から「スカッドER」と推定される弾道ミサイル4

発、

同年5月14日には西岸・亀城《クソン》付近から「ＩＲＢＭ級」（中距離弾道）の新型と推定される弾道ミサイル1発、

7月4日には同じ亀城付近から「ＩＣＢＭ級」（大陸間弾道）の新型と推定される弾道ミサイル1発、

7月28日には東岸・舞坪里《ムピョンニ》付近から「ＩＣＢＭ級」の新型と推定される弾道ミサイル1発、

8月29日には首都平壌《ピョンヤン》のすぐ北方に位置する順安《スナン》付近から「ＩＲＢＭ級」の新型弾道ミサイル1発、

9月15日には同じ順安付近から「ＩＲＢＭ級」の新型弾道ミサイル1発を発射しています。

そして、11月29日には、平壌近郊の平城《ピョンソン》付近から弾道ミサイル1発を発射しました。

このうち2016年9月5日の3発のミサイル、それに2017年3月6日の4発のミサイル発射に関しては、いずれも1000キロメートル飛翔し、ほぼ同じ場所に着弾しています。ミサイルの攻撃の手法として、同じ場所に何発も打ち込む「飽和攻撃」という方法があります。ミサイルを同じ場所めがけて何発も撃ち込むことで、ミサイル防衛システムを打破するのがその目的です。2回の発射実験に関しては、この飽和攻撃のために必要な正確性および運用能力の向上を企図している可能性があります。

それ以外にも、2016年6月22日の「ムスダン」発射、2017年5月14日、7月4日および28日の新型弾道ミサイル発射では、通常よりも高い高度まで打ち上げる、いわゆる「ロフテッド軌道」が採用されています。あくまで一般論ですが、ロフテッド軌道で発射された場合、迎撃がより困難になると考えられています。

2017年11月29日のミサイルに関しても、「ロフテッド軌道」が採用され、約50分間、約1000キロメートルを飛行し、最高高度は約4500キロメートルに達しました。通常軌道で発射された場合の飛距離は1万3000キロメートル以上に達するため、首都ワシントンを含む米全土を射程に収めると分析されています。

そして、ミサイルの運用の点でも、発射台付き車両（TEL）や潜水艦を使用するケースが目立っています。こうした場合、任意の地点からの発射が可能であり、発射の兆候を事前に把握するのが困難となります。北朝鮮は、「TEL」からの発射や潜水艦発射弾道ミサイル（SLBM）の発射を繰り返しています。

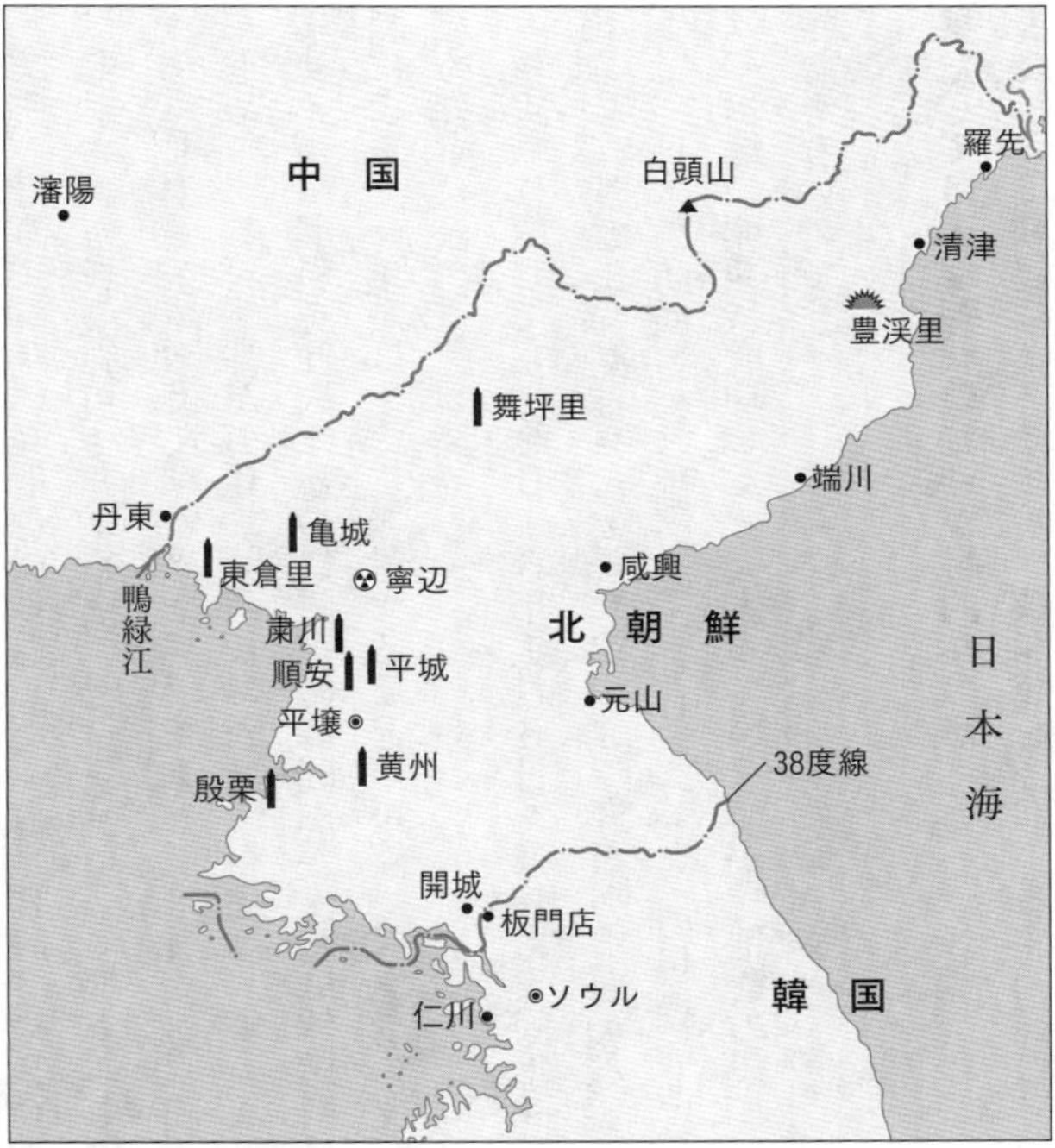

本書に登場する北朝鮮の地名

実際、２０１６年に発射を繰り返した「ＳＬＢＭ」や２０１７年2月12日および5月21日に発射された新型弾道ミサイルは、「ＳＬＢＭ」を地上発射型に改良したものと推定されており、固体燃料を使用していると考えられています。北朝鮮は、弾道ミサイルの固体燃料化を進めている可能性があります。この固型燃料化は、重大な脅威になります。というのも、ミサイルに燃料を注入するのに一定の時間がかかる液体燃料式ミサイルとは異なり、固体燃料によるミサイルはすぐに発射することが可能で、発射の兆候を把握することが困難になるためです。

核実験に関しても、２０１６年1月6日をはじめ、同年9月6日、２０１７年9月3日に相次いで実施しています。とくに２０１７年9月3日の核実験の結果生じた地震は、Ｍ６・1で、日本の防衛省の評価では１６０キロトンの規模であったと見られています。北朝鮮は、水爆の開発に成功したと発表していますが、地震の規模から考えれば、その可能性も否定できないのです。

果たして自己保存戦略だけが目的なのか

ここまで執拗に、ミサイル・核開発を推進する北朝鮮の目的とは、いったい何なのでしょうか。

「ニューヨーク・タイムズ」のデヴィッド・サンガー記者によれば、一つの可能性としては、「恫喝《どうかつ》」にあるというものです。北朝鮮による核・ミサイル技術が完成すれば、東京はおろかロサンゼルスやシカゴ、それにニューヨークといった都市までが北の核の射程圏内に入ってしまいます。※注1（以下、「注」は巻末の参考・引用文献一覧を参照）

北朝鮮の狙いは、アメリカから日本や韓国といった同盟国と分離することにあるのかもしれません。自国の都市が核の脅威にさらされている中で、アメリカは本当に同盟国を守るのでしょうか。実際、大統領選の期間中は、トランプは太平洋から米軍を引き上げるという話もちらつかせていたほどです。

あるいは、金正恩《キムジョンウン》をトランプ大統領や習近平《しゅうきんぺい》主席と並ぶパワーブローカーにすることなのかもしれません。もしくは、トランプや習近平と平等に扱われることを要求しているのでしょうか。そして、これらの目的をすべて狙っているのかもしれないのです。

一方で、北朝鮮が明らかにしている国家目標は、国際社会の一員として受け入れられること、それから、核開発計画と並んで経済を発展させることです。また、そこには、長期目標として、北朝鮮の側から朝鮮半島を統一することも含まれます。金正恩はアメリカと韓国に対して好戦的な脅迫を繰り返していますが、そうした主張は、アメリカもしくは韓国が北朝鮮に対して「敵対的な政策」を採用するからだというのです。

しかし、北朝鮮側の説明は、これほどのスピードで核開発を推進する理由を十分に明らかにしているとはいえません。金正恩は、この数年で、米国本土の複数の目標を攻撃できる核兵器を開発しつつあるのですから。

もう一つの可能性としては、「自己保存戦略」を挙げることができます。これは、ロサンゼルスやニューヨーク、それにワシントンを核で攻撃できるようになれば、アメリカは、リビアのカダフィ大佐のように北朝鮮を滅ぼす危険は冒《おか》さないと金正恩が信じているというの仮説です。

カダフィ大佐は、2003年に核開発を断念し、その見返りに西側諸国との経済統合の確約を得ました。しかし、それは完全には実現しなかったのです。リビア国内で彼に対する反乱が勃発《ぼっぱつ》すると、アメリカとヨーロッパ諸国、それにいくつかのアラブ諸国は、カダフィ大佐に向けて空爆しました。彼は、反乱勢力によって発見され、処刑されてしまいました。

しかし、北朝鮮の意図に関しては「自己保存戦略以上のものがある」と、前述のサンガー記者は主張しています。金正恩は、「アメリカが制裁を解除し、北朝鮮を常に苛立《いらだ》たせてきた在韓米軍を撤退させることができる」と考えているはずだと、ホワイトハウス内外の専門家たちは信じています。

アナリストの意見が分かれるのはここからです。２０１７年8月までトランプ大統領の主席戦略官だったスティーブン・バノンが主張するように、在韓米軍を全部もしくは一部を撤退させれば、金正恩はどうするのでしょうか。むしろ、北朝鮮は、韓国の軍事的手段による朝鮮半島統一に対する「楯《たて》」として核兵器を用いるという懸念があります。つまり、北朝鮮の核は、同盟国である日本や韓国を防衛するアメリカの能力を減退させるのではないかと恐れられています。

ソウルの国民大学の北朝鮮問題専門家であるアンドレイ・ランコフは問いかけます。

「アメリカがサンフランシスコとソウルのどちらを選択するかという問いに直面すれば、アメリカはサンフランシスコを選ぶだろう」

また、ランコフの主張によれば、「北朝鮮は韓国で紛争を引き起こし、その上でアメリカに対して、韓国の情勢に関わるならば、北朝鮮は報復攻撃を行なうという最後通牒《つうちょう》を発する可能性がある」というのです。

たしかに、北朝鮮がアメリカと日本・韓国の分断を図って核開発を行なっているという主張には一定の説得力があります。しかし、いざ北朝鮮が半島統一のために韓国に侵攻したとしたら、アメリカだけでなく、中国も黙っていないでしょう。北朝鮮の狙いが、アメリカとその同盟国の分断だけにあるとは少し考えにくいのです。

2節 投資と開発があれば、豊かになれる

スイスとの密接な関係

北朝鮮が２０１７年9月3日に、それまでで最も強力な核実験を実施して以降、英仏両国はアメリカに緊張緩和を働きかけています。

その一方で、北朝鮮に大使館を置く欧州連合（ＥＵ）も、北朝鮮に直接圧力をかけています。英国とドイツのほか、チェコ、スウェーデン、ポーランド、ルーマニア、ブルガリアのＥＵ加盟7カ国のグループは、9月に北朝鮮の首都平壌で少なくとも2回、北朝鮮側と公式

協議を行なったと、「ロイター」は報道しています。

しかし、昨年の協議では北朝鮮が高官を送ったが、今回は外務省の中級クラスで、EU側は不満を感じたようです。※注2

こうした緊張緩和に向けた努力の中で、スイス外務省が日本と北朝鮮の仲介に乗り出してきました。9月12日に、スイス外務省と民間シンクタンク「ジュネーブ安全保障政策研究所」共催の北東アジア情勢に関する国際会議において、外務省の鯰博行《なまずひろゆき》アジア大洋州局参事官は12日、北朝鮮のチェ・ガンイル外務省北米担当副局長とスイスで短時間会談しています。※注3

EU諸国、とくにスウェーデンが仲介に乗り出すというのは実に納得できます。スウェーデンは1973年、西欧の国としては初めて北朝鮮と外交関係を樹立しました。EU諸国の仲介もスウェーデンに依存している点が多いのです。

スウェーデンは、1953年の朝鮮戦争休戦協定の監督や査察、そして軍事演習の監視を行ない、北朝鮮と韓国の信頼を醸成する目的で設立された中立国監視委員会のメンバーも務めています。最近では、北朝鮮に拉致《らち》されていたカナダ人牧師ヒョンス・リム氏、アメリカ人学生オットー・ワームビア氏の解放に関して、大きな役割を果たしているといわれています。

今回の仲介も、北朝鮮との外交関係も長く、人権外交という国是《こくぜ》にも沿った行動と考えることができます。だからといって、スウェーデンは、あらゆる面で北朝鮮に与《くみ》しているということではありません。EUによる制裁を強く支持しているのは、他ならぬスウェーデンなのです。

そこに、スイスの仲介というニュースです。従来のEU諸国による仲介とは少し違ったニュアンスを感じないわけにはいきません。スイスと北朝鮮はどのような関係で結びついているのでしょうか。

我々がスイスという国から連想するのは、「アルプスの少女ハイジ」のような牧歌的な国というイメージでしょう。しかし、実際にはなかなかしたたかな国家でもあります。世界史を揺るがす大事件の背後には、常にスイスの存在がちらついています。

わかりやすい例でいえば、ロシア革命の際にレーニンが亡命していたのはスイスのチューリヒでした。第一次世界大戦が終了した直後、ドイツのワイマール共和国では、共産主義運動が活性化しますが、ソビエト・ロシアとドイツ、そしてイタリアの共産主義運動を結ぶ結節点の役割を果たしていたのがスイスです。

第二次世界大戦中においても、後に「CIA」（米国中央情報局）局長を務めるアレン・ダレスが、「OSS」（戦略諜報局）支局長として北イタリアのドイツ軍との停戦・降伏交渉に取り組むだけでなく、日本との降伏条件交渉をスイスで行なっていました。

その一方で、スイスは世界中から資金が集まる金融の中心地でもあります。スイスの銀行には、徹底的な銀行秘密主義で、顧客の口座情報等を守秘義務を楯《たて》にして守ってきたという歴史があります。現在では不可能になりましたが、スイスの金融機関に世界中の多くの著名人が匿名の口座を持ち、膨大《ぼうだい》な資産を隠すという事例が数多く見られました。

このように、ヨーロッパでもことさら利権の香りが漂《ただよ》い、インテリジェンスが飛び交う国がスイスといえます。興味深いことに、このスイスが仲介に乗り出したという事実は、北朝鮮問題を考える上でも大きな手掛かりになるのです。

そこで、改めて北朝鮮とスイスの関係を振り返ると、複数の接点が浮かび上がります。

まず、金正恩とその兄正哲《ジョンチョル》、妹の金与正《ヨジョン》の留学先は、スイス・ベルンの国際学校でした。金正恩はそこでバスケットボールに熱中する青春を送っています。※注4　元シカゴ・ブルズのスター、デニス・ロッドマンがしばしば訪朝していますが、これはその名残《なごり》と考えられます。

次に浮かび上がるのが、スイス製の工作機械の存在です。「ロイター」の報道によれば、2016年8月、北朝鮮の国営メディアは、スイスの重電大手ABB社のロゴが入ったCNC装置（コンピュータ数値制御装置）を使用する工場を視察する金正恩の写真を配信しています。世界のCNC市場において、ABB社は最大手の一つです。同社の装置がいつ、どのように北朝鮮に渡ったのかは定かではないと「ロイター」は述べています。

ABB社は、同社が北朝鮮に対する貿易制裁を全面的に順守しており、自社の装置が同国に渡らないようにしているとした上で、「それでも、自社製品の一部が我々のあずかり知らぬところで許可なく北朝鮮に転売されていた可能性は排除できない」と、「ロイター」の問い合わせに回答しています。※注5

CNC装置は、複雑な部品を製造するための工作機械ですから、核開発やミサイル開発も、このCNC装置がなければ不可能であったに違いありません。

金正日にとっての子供の留学先であり、重要な工作機械の輸入先でもあるということを考慮すれば、北朝鮮はスイスを信頼ができる国だと見なしているといえるでしょう。

ただ、これだけではスイスが北朝鮮に対して、微力とはいえ、協力的とする理由にはならないでしょう。むしろ、スイスから北朝鮮はどう見えているのかが重要になります。

世界が注目する豊かな埋蔵資源

スイスという国家を経済という点からみると、興味深い事実が浮かび上がります。

驚くべきことに、現在のスイス最大の企業は、金融機関ではなく、資源系総合商社です。世界中で1万5500人の従業員を擁《よう》する世界最大の天然資源企業、グレンコア・ピーエルシー（以下グレンコア社と記述します）こそ、スイスが誇る最大の企業です。※注6

コモディティ（天然資源）市場では、グレンコア社は圧倒的な存在感を誇っており、原油、天然ガス、石炭、アルミニウム、ボーキサイト、ニッケル、鉄鉱石、亜鉛、銅、穀物、米、砂糖と鉱産資源から食糧までを手広く扱っています。その時価総額は、2017年5月時点で、423億英ポンド（約6兆1300億円）とされており、現在の三菱商事の時価総額が4兆円を超える程度ですから、文句なしに世界最大の総合商社であるといえるでしょう。

このグレンコア社の取締役会で非常勤議長を務めるのがアンソニー・ヘイワードです。ヘイワードといえば、2007年から2010年にBP（ブリティッシュ・ペトロリアム）ピーエルシーのグループ最高経営責任者を務めたことで有名です。BP社は、スーパーメジャーと呼ばれる6社のうちの1社で、エクソンモービル、ロイヤル・ダッチ・シェルに次ぐ世界でも第3位に位置する石油メジャーです。つまり、グレンコア社は英国とスイスが生みだした世界最大の資源系商社なのです。

ですから、スイス政府がグレンコア社と結託《けつたく》して北朝鮮との仲介に乗り出したということはないにせよ、自国最大の企業へのある種の配慮があったと考えても、さほどおかしくはないでしょう。

そのグレンコア社ですら、最近の経済事情の下では、必ずしも、安泰であるとは限りません。実際、2015年から資源価格が下落をはじめ、資源大手グレンコアも窮地《きゆうち》に追い詰められました。その後、資産の切り売りで債務の圧縮を進め、銅相場が中国の需要増期待で反発したのを追い風に、息を吹き返すことができたというのが実情です。

結局のところ、北朝鮮の天然資源を誰が開発し、利益を上げるのかという問題意識が、今回のスイス政府の仲介だけでなく、ヨーロッパ各国が北朝鮮に外交関係を求めるきっかけとなったのではないかという推測は十分に成り立つでしょう。ドイツのメルケル首相が北朝鮮問題の平和解決を求めるのも、天然資源という観点抜きにしてはあり得ないのです。つまり、北朝鮮を考える上でのもう一つのキーワードは、そこに眠る天然資源です。

それでは、実際に北朝鮮にはどれほどの天然資源が眠っているのでしょうか。

ジャーナリストの平井久志《ひらいひさし》氏によれば、「鉄鉱石や石炭、燐灰石《りんかいせき》、マグネサイト、ウランなど、二百種類を超える有用鉱物が確認されており、経済的な価値がある鉱物資源も四十種を超える。近年とみに価値が高まっている希少金属のタングステン、ニッケル、モリブデン、マンガン、コバルト、チタニウムなども豊富とされる」とのことです。

このうち、ウランは「約４００万トンの埋蔵量」があり、これは、「北を除く世界の採取可能な推定埋蔵量とほぼ同じ量との見方もある」とし、「北が自前の原子力発電に固執する理由のひとつは、その燃料を豊富に持っていることだ。原子力発電を実現できれば北のエネルギー不足は大きく改善できる」と平井氏は述べています。

軍需産業などに欠かせないタングステンについても、アメリカの資源探査衛星の調査によって「世界の埋蔵量のほぼ半分に相当するという可能性が報告されている」と述べています。※注7

また、朝鮮の近現代経済史に詳しい宮塚利雄《みやつかとしお》氏は、鉄鉱石について、「北朝鮮も50億トンの埋蔵量を持っており、埋蔵量だけでは、アメリカに次いで世界第9位」としながら、「鉄の品位が低い磁鉄鉱《じてっこう》がほとんど」で、「装備不足、施設の老朽化、電力不足などにより、生産量が、最盛期に比べ50%程度の５００万トン前後に留まっている」と述べています。※注8

しかし、「端川《タンチョン》地区には、亜鉛、マグネサイト、燐鉱石など19個の鉱種が埋蔵されており、36個の鉱山が密集している鉱業ベルト地域」となっています。この地域はとくに、「世界的なマグネサイトの埋蔵地」であり、「中国（埋蔵量33億トン）に次ぎ、北朝鮮の埋蔵量は30億トンと世界二位」だそうです。現時点で、「世界市場での占有率は僅《わず》か2％」にすぎませんが、宮塚氏は、「世界の総生産量の60％を占める中国とロシアが、長期にわたる生産のために、高品位のマグネサイトを掘り尽くしており、北朝鮮の開発余力は大きい」と指摘しています。※注9

また、「北朝鮮における金の埋蔵量も2000トンで、世界6位（推定）」とされています。※注10

さらに、北朝鮮にはオンショア（陸地）、オフショア（海洋）ともに膨大な量の原油が埋蔵されています。

韓国の「中央日報」の報道によると、2004年、北朝鮮東方沖の東海湾盆地に原油が埋蔵されていると判断し、「北朝鮮で採掘可能な原油埋蔵量は40億～50億バレル」と見込んでいた英国のアミネックス社が、20年間にわたる探査と開発の契約を北朝鮮の朝鮮原油開発総会社と結びますが、政治状況の変化によって、2012年に撤退することになります。

2009年頃の殷栗鉱山。鉄鉱石を産出する（朝鮮中央通信＝共同）

端川にある大興マグネサイト鉱山（朝鮮中央通信＝共同）

また、中国海洋石油総公社（CNOOC）も、2005年に西方沖西朝鮮湾盆地に約600億バレルの原油が埋蔵されていると発表しました。ただ、その後の中朝関係の悪化から中国企業による開発は進んでいません。※注11

このように、北朝鮮は膨大な天然資源が手つかずのまま残っています。これらの「価値」の評価は、国際的な価格の変動や調査機関によって異なりますが、相当な規模に達することは間違いありません。

韓国の大韓鉱業振興公社は2008年1月に総額2287兆ウォン（約176兆円）と推定していますが、韓国の統一省は2009年10月に国会に提出した資料で6984兆ウォン（2008年基準で約537兆円）と評価しています。※注12

資源の開発には、外資の導入が欠かせません。現在、北朝鮮を巡《めぐ》る国際環境の厳しさのために、それはほぼ不可能となっていますが、仮に朝鮮半島が統一されることになっても、250兆円程度とみられる統一に要するコストは、これらの天然資源の開発でかなり賄《まかな》えることになります。※注13

経済を拡大させたい

北朝鮮を語る上で、もう一つ欠かせないのが、実は好調な経済状況です。「JETRO《ジェトロ》」（日本貿易振興協会）のレポートは、北朝鮮での市場経済化の進展を報告しています。それによると、北朝鮮では、それまで非公式だった農民市場が、2003年に「総合市場」として公設されるようになってから、国営企業による物資供給から独立した多くの市場が生まれたということです。

北朝鮮の住民は、携帯電話やスマートフォンを用いて、中国製品などの外国製品を代理購入しており、国境地帯にいる業者は、入手したい製品の写真や画像データを中国の取引先に送信し、その取引先は、瀋陽《しんよう》など中朝国境付近の大きな都市の卸売市場で調達してくるそうです。また、韓国製の最新デザインの衣類などについても、中国側の国境都市・丹東《たんとう》市などで北朝鮮の貿易業者が韓国のテレビ放送などを見て、その場で中国の取引先に注文するらしく、その新製品が北朝鮮の市場に最短2日で届くそうです。

こういった商業活動の中心にいるのが、1万ドル以上の資産を有する「トンジュ」（金主）という新興富裕層です。JETROのレポートは、このトンジュの数は、最低でも数万人、最大で20万人を超えたという説もあると伝えています。最近では、30〜40代の若いトンジュ

が現われ、なかには、数十万ドル～数百万ドルの資産を保有する者もいるそうです。※注14
資源もあれば、経済活動に積極的に参入する中産階級も生まれつつあります。このように爆発的な経済成長が可能な条件が整いつつあるのが、現在の北朝鮮といえるでしょう。
逆にいえば、現在の北朝鮮の抱える問題は、外資を導入して一層の経済成長をめざすことができないことにあります。北朝鮮を取り巻く険悪な国際環境を改善しなければ、北朝鮮の繁栄はあり得ません。
つまり、北朝鮮の目的とは、ICBMや核兵器をブラフとして使いながら、アメリカとの国交を樹立し、自国の核兵器を温存した上で外資を積極的に導入し、経済発展を図るということなのです。

3節　しかし、金正恩の願いは叶《かな》わない

豊かな資源は誰のものになるか

この原稿を書いている2017年11月の段階で、「第二次朝鮮戦争」が勃発する可能性は

これまでになく高まっているように見えます。そこで、ここでは一つの仮定として、第二次朝鮮戦争の結果を予想してみましょう。

第二次朝鮮戦争のきっかけになるのは、北朝鮮の核保有です。この問題をきっかけに、米朝、もしくは中朝が激しく対立し、本格的な紛争になれば、やはり北朝鮮の体制崩壊は避けられません。その後、北朝鮮に眠る豊かな鉱産資源を巡ってアメリカ・中国・ロシアが対立することが予想されます。

したがって、戦後はさまざまなケースが想定できます。アメリカと韓国が北朝鮮全域を占領する場合や、米韓が中国と北朝鮮を分割する場合などです。ただ、中国としては国境である鴨緑江《おうりょくこう》沿いにアメリカと対峙《たいじ》はしたくないでしょうから、いざとなれば、北朝鮮に進出する可能性はアメリカ以上に高いといえます。その一方で、ロシアも、東欧でのＮＡＴＯ諸国との対立という懸念《けねん》材料はあるものの、朝鮮半島への関心がなくなることはないでしょう。

その結果、戦争が終了した後、西側や中国、ロシアの資本が、旧北朝鮮地域に押しかけることになります。政治的なリスクがなくなることで、そこに眠る膨大な鉱産資源や石油の採掘が促進されるのです。そして、北朝鮮の後継国家はその富を存分に利用し急速に近代化を推進することになるでしょう。

つまり、海外の資本が導入されるという条件さえそろえば、北朝鮮は急速に持ち直す可能性が高いのです。

金正恩もおそらく同じことを考えているはずです。北朝鮮に西側の資本を導入するための必須条件は、アメリカとの国交回復です。そのために、北朝鮮はかくも過激に核戦争の危機をかき立ててきたともいえます。

モデルはパキスタンの核保有化

次の問題は、アメリカが核を保持したままで国交樹立という北朝鮮の申し出に応じるかということでしょう。

アメリカとの交渉の際に、金正恩が核保有国のモデルとして念頭に置いているのはパキスタンで、そのことは、北朝鮮高官の発言からも明らかです。「中央日報」の報道によると、北朝鮮の崔善姫《チエソンヒ》外務省北米局長が、2017年10月にモスクワで開かれた核不拡散会議の席上で、「1998年に6回の核実験をした後に事実上核保有国と認められたパキスタンのモデルを露骨に提起すると、核戦力化に関与したパキスタンの元将官が『そうしたからといって我々のパキスタンが安全だと感じていると思うか』と崔局長に反問し、共感を得たりもした」という話があったらしく、ここでは北朝鮮の追加の核・ミサイル挑発に対しては一斉《いっせい》に批判されたようです。※注15

北朝鮮の言い分は、パキスタンは、無理やり核実験を行ない、核保有国のままアメリカの同盟国の地位にとどまっているのだから、北朝鮮にも同じ権利が認められて当然ではないかということにつきます。

しかし、結論からいえば、その金正恩の願いが叶う可能性は非常に低いといえます。パキスタンの核保有の歴史を振り返れば、そのことは明らかです。

１９４７年の独立以来、インドとパキスタンは3度にわたって戦火を交えました。１度目は、第一次印《いん》パ戦争（１９４７〜１９４９年）で、カシミール地方の領有を巡って紛争となりました。その後、中印戦争（１９５９〜１９６２年）が発生します。この戦闘でインド軍は中国の人民解放軍に大きな敗北を喫《きっ》しました。

そして、中国がカシミール東部の実効支配を確立すると、パキスタンの武装集団もインド支配地域に侵攻します。インド軍が応戦したことで、第二次印パ戦争が起こり、１９６６年に国連の仲裁で、ようやく停戦を迎えます。

第三次印パ戦争（1971年）は、現在のバングラデシュに相当する「東パキスタン独立」を巡って発生しました。この戦争で完敗したパキスタンは、1972年から核開発を開始しています。国家の分裂を招いた対インド戦争での敗北が核保有のきっかけとなったのです。パキスタンの核兵器開発は、1974年5月のインドによる核実験以降、拍車がかかります。そこで大きく寄与したのが、1975年に欧州から帰国した冶金《やきん》学者のアブドゥル・カディール・カーン博士でした。

カーン博士は後に、「ヨーロッパで15年を過ごし、ウラン濃縮の技術を身に付けた私は、75年12月に帰国し、当時のズルフィカル・アリ・ブット首相から核兵器の開発を委《ゆだ》ねられた。84年12月10日には、当時のモハマド・ジアウル・ハク大統領に、命令があればいつでも核実験を行なえると報告している」と語っています。※注16

1979年にソビエトがアフガニスタンに侵攻する前、アメリカはパキスタンに対して、「実質的な支援ができない」ということを明らかにしていました。アメリカは、「核問題に関する相違が解決しなければ制約された状態が続く」としていたのです。

いったんソビエトがアフガン侵攻を始めると、今度は核問題がアメリカのパキスタン支援の足かせとなりました。ジア・ウル・ハク将軍は、この機会に飛びつきました。1980年

イスラマバードで行なわれた軍事パレードに登場したパキスタンの中距離弾道ミサイル（ロイター＝共同）

カーン博士（ロイター＝共同）

の1月にアメリカ大使と懇談し、ソビエト側に与するか、アメリカ側に与するかどちらがよいのかと問いかけたのです。※注17

その結果、1979年の暮れから始まったソビエトによるアフガニスタン侵攻を機に、レーガン政権はパキスタンに対する援助禁止を解除し、巨額の経済・軍事援助に乗り出しました。レーガン政権は、パキスタンを、南アジアでのソ連の勢力拡大を抑止する拠点、アフガニスタン国内の反ソ武力闘争グループ支援のための根拠地として活用しようとしていました。

ソビエトがアフガニスタンを侵略することで、米パの関係は強化され、その結果、核開発も容認されました。軍事援助の増大と、緊密な情報活動上のつながりが、パキスタンにおける軍の役割を高めることになりました。パキスタンは、アフガニスタンで対ソ武力抗争が継続している間、着実に核兵器開発を進めました。そして、1985年には兵器級の濃縮ウラン生産を開始するに至ります。

アフガニスタン紛争が下火になると、ホワイトハウスはパキスタンの核開発に懸念を持つようになりました。そして、経済的に疲弊しているときに、アメリカは軍事・経済援助を停止すると圧力をかけるようになったのです。※注18

そして、1990年10月、ブッシュ（父）大統領は、パキスタンが核爆発装置を製造していないと証明することができないと述べ、それ以降、援助を全面的に停止します。

その後、1996年2月にクリントン政権はパキスタンに対する経済・軍事援助を復活させるのですが、パキスタンは1998年5月中旬のインドの地下核実験に呼応する形で、同月28日と30日に初めての核実験を行ないました。インドと対立関係にあるパキスタンとすれば、核実験を強行することによって核兵器能力を誇示したインドに対し、同様の能力を備えていることを明示しておくことが必要でした。

しかし、核兵器など大量破壊兵器の拡散防止に力を入れていた米国のクリントン政権からの反応は厳しいものでした。クリントン政権は、インドと同様にパキスタンに対しても、人道援助を除く経済援助の停止、軍事援助や軍需品の輸出停止などの厳しい措置《そち》を打ち出しました。

ところが、このパキスタンに対するアメリカの強硬な姿勢も長続きしませんでした。なぜなら、2001年9月にアメリカ同時多発テロが発生し、アフガニスタンでの作戦を遂行するに当たってパキスタンの助力が必須となったためです。このテロ事件の後、すぐにアルカイダのビン・ラーディンを追い求めて、アフガニスタン戦争が始まりました。そのための兵《へい》站《たん》拠点として、パキスタンは欠かせない存在になったのです。

このプロセスを見れば、パキスタンの核保有が何度もなし崩し的に進んでいることがわかります。それは、アメリカがパキスタンに協力を求めざるを得ない局面が度々重なったためですが、なにより、パキスタンはアメリカの同盟国なのです。そして、パキスタンの核の目的がインドに対する安全保障を意図した限定的なものであることから、アメリカは強硬に反対し続けることができなかったということでしょう。

最後に、パキスタンの核が問題視されにくい理由をもう一つ挙げるとすれば、その開発がサウジアラビアの資金で賄われているという点です。イランが核武装を行なえば、すぐにサウジアラビアはパキスタンから核兵器を購入すると断言しています。イランを目の敵《かたき》にするアメリカからみれば、イランに対抗するための核兵器という口実があれば反対しにくいのです。※注19

国際社会を欺《あざむ》きながら、ミサイル・核開発を推進してきた過去

結論から言えば、現状のままでは北朝鮮とアメリカとの間の国交樹立は不可能でしょう。その理由としては、過去におけるアメリカに対する敵対的行動、アメリカを筆頭とする国際

社会に対する非核化を巡る欺瞞《ぎまん》行為、イランとの関係の3つを挙げることができます。

第一に、北朝鮮のアメリカに対する敵対的行動がアメリカに悪印象を与えているというものです。1953年7月27日にアメリカと北朝鮮が朝鮮戦争の停戦協定にサインします。その後、北朝鮮とアメリカの間には国交がありませんでした。1968年にプエブロ号事件、1969年に米海軍EC–121機撃墜事件、1976年8月18日にはポプラ事件が発生し、米軍に被害が及びましたが、アメリカによる北朝鮮への報復攻撃はありませんでした。

ただ、これらの事件が発生した時期は、ベトナム戦争の時期と重なります。現在、ベトナムは、中国に対抗するために、アメリカとの関係を深めつつあり、この時期の紛争が米朝の歩み寄りに今でもダメージになっているとは考えにくいでしょう。

第二に、朝鮮半島の非核化を巡って、アメリカを筆頭とする国際社会を欺《あざむ》いていたことが大きいと考えられます。北朝鮮の核開発は1960年代中ごろからソビエトの協力で始まっています。1965年にはソビエトから小規模な実験炉が導入されました。1967年までには稼働を開始し、1974年に北朝鮮は「国際原子力機関」（IAEA）に加盟していま す。

さらに、1985年には、ソビエトの圧力により「核拡散防止条約」（NPT）に加盟していますが、「NPT」加盟国に求められる「IAEA保障措置協定」への調印を北朝鮮は拒否したのです。IAEA保障措置協定とは、原子力が平和的利用から核兵器製造などの軍事目的に転用しないようにするための協定です。北朝鮮は反応炉《リアクター》（いわゆる原子炉）を増設していたために、国際的な懸念が増大することになりました。折しも、1991年の湾岸戦争の結果、IAEAが予想していたよりもイラクの核開発が進展していたことが明らかになり、北朝鮮への懸念もさらに膨《ふく》れ上がることになりました。

国際的な圧力もあり、北朝鮮は、1992年4月にIAEA保障措置協定に調印し、IAEAの査察が北朝鮮に入ることになりました。その結果、北朝鮮が原子力を軍事使用している可能性が明らかになり、1993年夏から1994年10月にかけて米朝の交渉が行なわれ、米朝枠組み合意が締結されました。

この合意の内容は、北朝鮮が寧辺《ニョンビョン》のプルトニウム生産施設などを閉鎖するかわりに、アメリカが、2基の軽水炉と、毎年50万トンの原油を提供するというものでした。この枠組み合意は1994年末から2001年1月まで継続されました。

それから、2年の空白期間を経て、ジョージ・W・ブッシュ(子)大統領は、2002年10月、北朝鮮にアジア太平洋問題担当のジェームズ・ケリー国務次官補を派遣します。その目的は、北朝鮮がウラン濃縮計画に従事しているという情報機関からもたらされた証拠を平壌に突きつけるためでした。

北朝鮮側の反応は驚くべきものでした。最初は否定していたものの、ウラン濃縮計画の存在を認めたのです。アメリカ側はすでに、亡命した北朝鮮高官の黄長燁《ファンジャンヨプ》から、「北朝鮮がパキスタンのカーン博士との間で、ウラン濃縮技術、とくに遠心分離機の技術をパキスタンから入手する代わりに、パキスタンに弾道ミサイル技術を提供する合意が締結されていた」という情報を入手していました。

２００２年には、北朝鮮への原油の供給と軽水炉の設置を担当していた「朝鮮半島エネルギー開発機構」（ＫＥＤＯ）が、計画の終了を発表しました。それに対して北朝鮮は、同年12月には枠組み合意はもはや無効になったと宣言し、２００３年1月、ＮＰＴとＩＡＥＡからの脱退を宣言するのです。※注20

そのために、アメリカ、中国、北朝鮮の代表が同年4月に北京で協議を開き、8月には、この会合に日本、韓国、ロシアの3カ国が加わり、第1回目の「六カ国協議」が開催されます。前回の米朝の枠組み合意では2カ国交渉でしたが、今度は多国間交渉となりました。

この六カ国協議は、朝鮮半島の非核化をめざすと同時に、北東アジアの平和と安定の維持について話し合うことを目的としていました。協議の結果、2005年9月に北朝鮮の核放棄などを盛り込んだ共同声明が採択され、2007年2月に核施設の停止・封印や無能力化などの段階的放棄で合意を見ました。2008年6月には北朝鮮が寧辺にある黒鉛減速炉の冷却塔を爆破するなど、一定の成果を挙げたかに見えたのです。※注21

しかし、その一方で、2006年10月9日に「朝鮮中央通信」が「地下核実験に成功」と発表しました。各国が観測した地震波からの推定によると、爆発の規模はTNT換算で最小0・5キロトン、最大で15キロトン程度と評価は分かれていますが、核実験独特の地震波が観測されているため、この爆発は事実であったと考えられます。

そして、2008年10月11日に、米朝両国は北朝鮮が再び核開発計画を放棄し、査察官による核物質の科学的な捜査を受け入れることで合意しました。さらに、北朝鮮はウラン濃縮計画の詳細も明らかにすることにも合意したことで、アメリカは北朝鮮を「テロ支援国家」のリストからはずしました。

しかし、2009年5月25日に、北朝鮮は再び核実験を行ないます。規模こそ不明ですが、2006年の実験よりもわずかに大きかったと見られています。

2010年に金正日《キムジョンイル》から金正恩《ジョンウン》に北朝鮮の指導者が代替わりした後は、ミサイル実験と核実験が相次いで行なわれます。
２０１２年12月には長距離弾道ミサイルを発射、
２０１３年２月には３度目の核実験、
２０１４年３月には日本海に向けて中距離弾道ミサイルを発射、
２０１６年１月には４度目とされる核実験を実施しました。この時、北朝鮮は「水素爆弾の実験に成功」と発表しています。
同年９月には、５度目とされる核実験を実施し、
２０１７年８月には日本上空をミサイルが通過しました。
そして、２０１７年９月３日、６度目とされる核実験を実施。この回の規模は非常に大きく、「水素爆弾」であったと北朝鮮は発表しています。
結局のところ、１９９０年代から２０１０年代にかけて、北朝鮮は、表向きの主張とは裏腹に、ひたすら核開発・ミサイル開発を推進していたことになります。しかも、アメリカなどの周辺諸国を騙して資金を提供させ続けたのです。それ以外にも、しばしばアメリカ市民を不当に拘束し、抑留しています。
つまり、この30年近くの米朝関係において、さしあたり善意を前提に外交を進めてきたア

メリカを、ここまで謀《たばか》ったのですから、トランプ政権の対応が厳しいものになることは、当然ともいえるでしょう。

そして、北朝鮮が核保有をなかなか断念しようとはしないために、業《ごう》を煮やしたトランプ米大統領は、2017年11月20日、北朝鮮を「テロ支援国家」に再指定すると発表しました。核・弾道ミサイル開発を続ける北朝鮮の孤立化に向け、「最大限の圧力」をかけていく姿勢を打ち出したのです。

アメリカや中東諸国が気にするイランとの関係

外交交渉において、「騙し騙され」というプロセスはつきものでしょう。仮にこの点を大目に見たとしても、アメリカには北朝鮮を許せない理由がもう一つあります。それは、大量破壊兵器の拡散、とくにイランへのミサイル・核技術の提供という点です。

実際、イランのミサイル・核開発にはかなり早い段階から北朝鮮の陰がつきまとっています。1992年2月からは、中国と北朝鮮の専門家の助力により、イラン国内のイスファハンで、「スカッドB型」ミサイルの生産が始まっています。※注22　1993年の段階でもイランはミサイル技術を確保できておらず、北朝鮮はエジプトの技術者の協力を得て，中東で販売するための「スカッドB型」ミサイルを改良しています。この時からCIAも「北朝鮮が最も深刻な懸念」であることを認めているのです。※注23

こうした事態にイスラエルが動き出します。イスラエルは、アメリカが関心を持っているのは北朝鮮の核だけだろうと考えていました。そのために、独力でミサイルの中東への持ち込みを阻止しようとして、北朝鮮側に交渉を持ちかけたのです。

その交渉の中身は、イスラエルが、商品市場のトレーダーであったマーク・リッチの協力を得て、北朝鮮に原油を提供し、その代わりにミサイルの中東への持ち込みを断念してもらうというものでした。ちなみに、マーク・リッチはスイスのグレンコア社の創始者の一人です。アメリカはこの取引には反対していましたが、イスラエルはしばらく継続していたようです。※注24

金正恩の時代に入ると、核・ミサイル開発の面でイランとの関係が再び活性化します。2011年からは、北朝鮮の濃縮ウランの原料がイランに輸出されています。この点では、フランスのDGSE（対外治安総局）や英国のMI6（SIS、秘密情報局）がアメリカ当局と情報交換を行なっていました。ウラン濃縮の過程で用いられる「六フッ化ウラン」がイランに輸出されていたのですが、ちょうどその頃、北朝鮮は寧辺の核施設を稼働させていました。

その結果、NATO加盟国の核問題の専門家は、この核施設の生産物はイラン向けであったと結論づけました。

実際、イラン側も、部分的に濃縮を行なった4・1トンのウランと20パーセントにまで濃縮した高濃度ウランを56・7キロ所持しているとIAEAに報告していました。前年度の報告では、部分的に濃縮を行なったウランと高濃度ウランは、それぞれ3・5トンと43・6キロでしたので、20パーセントから30パーセント近くもウランの保有量が増加していたことになります。イランの濃縮施設は、2010年にコンピュータウイルスで稼働しておらず、2番目の濃縮施設はまだ稼働していませんでした。その結果、この増加分が北朝鮮からの輸出であると判断されたのでした。北朝鮮とイランの秘密の技術協力に関しては、国連の専門家会議で報告書が作成され、国連安保理に提出されましたが、中国の反対により公開されませんでした。※注25

また、湾岸諸国がまとめた報告書によれば、「2011年には、イラン政府が中性子発生装置の検証を行なっている」とあります。中性子発生装置は核爆弾に必要な装置です。そして、北朝鮮はイランに対して、MCNPX2・6・0というコンピュータ・ソフトウエアを売却しており、その際には、北朝鮮の専門家が派遣され、使用法をイラン国防省の担当者に指

導しています。※注26

イランはといえば、2012年になると、核兵器開発は行なっていないと認められるようになり、2013年からは欧米諸国などとの間で六カ国協議が始まり、オバマ政権時代の2015年7月に「イラン核合意」として結実します。

このように、北朝鮮は、イランの核開発に深く関わってきました。現在でこそ、イランの核兵器開発はほぼ停止していると考えられますが、イランの中東における地位は時を追うにつれて上昇しています。現在の中東では、イラク戦争とシリアの内戦を経て、ロシアの支持を受けたイランが勢力を拡大中です。イスラム国騒動にしても、結局、イランの勢力拡大にしかつながりませんでした。

技術力の点では、北朝鮮がイランの上位互換となっています。2010年から、北朝鮮は、トンネルの建設方法などの指導を開始しています。今回、中距離弾道ミサイルが完成したことで、イランがそのミサイルを入手する、もしくはその製造技術を入手することになれば、中東の地政学的バランスは一変します。

中東におけるイランの最大の敵は、イスラエルです。ここで思い出していただきたいのですが、トランプ大統領の娘イヴァンカの婿《むこ》は、ジャレッド・クシュナーという正統派ユダヤ教徒です。そして、大統領選期間中に、トランプ候補がイスラエルのネタニヤフ首相と会談した際にも、イスラエル駐在米国大使と共に臨席していたのがこのクシュナーでした。オバマ政権時とは異なり、今回のトランプ政権はイスラエルとの関係が密接です。トランプ大統領がオバマ政権の下で実現したイランとの核合意を破棄したがっているのもそのせいで、トランプ大統領の頭の中には常にイスラエルの防衛があるのです。

そんなトランプ大統領がイスラエルに不利な行動を取るはずもありません。これが、米朝和解があり得ない最大の理由です。そして、核兵器の使用も含めた第二次朝鮮戦争の勃発《ぼっぱつ》が懸念される大きな理由ともなっています。

2章　第二次朝鮮戦争の見取り図

1節　世界戦争に直結する朝鮮有事

真っ向から否定された北朝鮮

北朝鮮問題に関して転換点があったとすれば、それは2017年9月19日のトランプ大統領による国連演説だといえます。

この日、トランプ大統領は、就任後初めての国連総会の一般討論演説において、朝鮮半島情勢に言及し、「米国と同盟国を守ることを迫られれば、北朝鮮を完全に破壊する以外の選択肢はない」と強く警告しました。その上で、北朝鮮が敵対的な姿勢をやめるまで国際社会が団結して圧力を加える必要があると主張しました。

この国連演説で決定的だったのが、トランプ大統領が、北朝鮮に拉致された横田《よこた》めぐみさんを念頭に「(失踪当時)13歳の日本人少女を拉致した」と非難したことでしょう。この拉致に関しては北朝鮮も認める事件であり、改めて北朝鮮の悪辣《あくらつ》さを強調することになりました。その上で、金正恩率《ひき》いる北朝鮮の体制を「向こう見ずで下劣だ」と批判し、同国が進める核・ミサイル開発を「世界全体に脅威を与えている」と激しく糾弾《きゅうだん》しました。金正恩に対しては「チビのロケットマン」と呼び、「自殺行為をしている」と警告しました。また、北朝鮮に対して貿易だけでなく軍事支援している国があると指摘し、各国に圧力強化での連携を訴え、北朝鮮への批判に終始しました。

これは、「アメリカとの国交回復」という北朝鮮の希望を打ち砕《くだ》くものでした。クリントン政権の時も、ブッシュ政権の時も通用した「まず威嚇《いかく》する」という手法が、今回は機能するどころか、逆効果に終わったのです。

英国の参戦宣言

それと同時に、国際社会も北朝鮮問題の深刻さを改めて認識することになりました。

最初に動きを見せたのは、英国でした。これまで比較的北朝鮮には融和的姿勢を取ってきた英国が、北朝鮮との戦争の可能性に向けて準備していると「テレグラフ」電子版が報じています。トランプ大統領の好戦的な声明によって、この地域における緊張が高まっており、英国政府は、紛争発生時に備えて軍事計画を策定するよう迫られているというのです。

「テレグラフ」電子版は、試験航海を実施する前に、英国海軍の最新航空母艦クイーン・エリザベスを配備する計画すらあることを報じています。

英国政府の上級幹部は、次のように述べています。

「我々には派遣できる艦船が多い。Ｔｙｐｅ－45駆逐艦、Ｔｙｐｅ－23駆逐艦などだ。英国の最新鋭の空母も、事態が急変すれば実戦に投入される」

英国空母クイーン・エリザベスは、様々な海上試験航海を経て8月にポーツマスに到着しましたが、２０２０年まで就航予定はありません。にもかかわらず、その実戦投入が語られるのは、フォークランド紛争の時の記憶があるためです。

フォークランド紛争とは、大西洋のイギリス領フォークランド諸島の領有を巡り、１９８2年3月から6月までイギリスとアルゼンチンの間で繰り広げられた紛争を指します。「フォークランドでは、事態に対応しなければならず、英国艦イラストリアスはその対応のために予定より早く実戦投入された」と海軍の情報筋が英国メディアに語っています。

ただ、フォークランド紛争は、英国の領土を守るための対応でしたが、今回の場合では、英国は世界的な連合の一部として活動することになります。そこで、英国はどのような支援

が可能か検討しているというのです。※注1

アメリカが攻撃されたらNATOも動く

また、「NATO」（北大西洋条約機構）も北朝鮮への軍事作戦に積極的に加わる姿勢を示しています。

「日本経済新聞」によれば、NATOのストルテンベルグ事務総長は、2017年10月27日、日本経済新聞の取材に対して、核・ミサイル開発を続ける北朝鮮はもはや北東アジアだけの問題ではなく、「グローバルな脅威」だと語り、圧力強化を訴えました。

とくに北朝鮮の弾道ミサイルについて事務総長は、「米国の西海岸に到達し、欧州にも到達する能力を持つようになると認識している」と指摘し、NATOの関与を強める姿勢を見せました。※注2

NATO事務総長の発言は非常に重いものです。トランプ大統領は当初、選挙運動中にNATOを「時代遅れ」などと批判していましたし、NATO条約第5条の「集団的自衛権へのコミットメント」をなかなか明言しませんでした。にもかかわらず、NATO事務総長がここまで踏み込んだ発言を行なわざる得なかった背景には、ヨーロッパにおいても、紛争勃発の可能性が高まっているという差し迫った事情があるためなのです。

第5条は加盟国が武力攻撃を受けた場合、全加盟国に対する攻撃と見なし、兵力使用を含む必要行動を直《ただ》ちに取ることを定めています。第5条の下では、万が一、ヨーロッパのNATO加盟国が攻撃を受ければ、アメリカも共に反撃しなければなりません。すでに、ロシアのプーチン大統領のクリミア・東部ウクライナ侵攻により、東欧の緊張はこれまでになく高まっているのです。

この関係は逆も成り立ちます。もし、グアムが北朝鮮の核攻撃を受ければ、NATOは自動的に北朝鮮に対して参戦することになります。

ただ、現在、NATOはグアム攻撃の際の対応を明らかにしていません。それは、加盟国の間に、アジアの戦争に巻き込まれることへの懸念があるためだと推定されます。

しかし、グアムが正式のアメリカ領土ではないという理由でNATOが行動をためらうならば、今度は東欧がアメリカから見捨てられることになるでしょう。NATO事務総長の発言も、アジアの情勢とヨーロッパの情勢がもはや不可分であることを認めたと見るべきです。別の言い方をすれば、アジアで始まった戦乱が、ヨーロッパに飛び火する、もしくはヨーロッパの戦乱がアジアでも燃えさかる可能性は否定できないということになります。北朝鮮危機は、そのまま「第三次世界大戦」へ直結しています。

2節　戦争突入に向けた米朝の思惑《おもわく》

あと数年で強大な核戦力国になる

金正恩とトランプ大統領の言葉の応酬《おうしゅう》が過激さを増す一方で、仮に北朝鮮で戦争が勃発した場合どのようなものになるのかを予測する試みも各国で始まっています。

その中でも信頼できる予測として、「英国王立防衛安全保障研究所」（RUSI）の副所長であるマルコム・チャルマーズ教授が2017年9月に発表した論文「朝鮮戦争に備える」(Preparing for War in Korea) を紹介したいと思います。※注3

チャルマーズ教授は、英国の外交安全保障政策の専門家です。2010年と2015年の戦略防衛安全保障レビューの諮問《しもん》委員の一人で、2011年から英国議会国家安全保障戦略合同委員会の特別顧問を務めています。この経歴からもわかるように、チャルマーズ教授は、英国の外交・安全保障政策に直接関与できる立場の学者です。

ホームページに掲載されたRUSI本部

チャルマーズ教授
（RUSI のホームページより）

つまり、この論文は、英国政府が今回の北朝鮮危機をどう見ているのかを、比較的よく反映しているものと考えられます。

早速、その予測を見ていきましょう。チャルマーズ教授は、北朝鮮がすでに核保有国として十分な力を備えていることを指摘しています。

「北朝鮮は、核兵器を搭載したミサイルを使用して、米国本土を脅《おびや》かす能力の点で長足の進歩を遂げた。北朝鮮はすでに韓国と日本、さらにはグアムとアラスカをも攻撃する能力を持っている。米国防総省の国防情報部（ＤＩＡ）は、２０１８年末までに北朝鮮が『信頼できる核搭載可能なＩＣＢＭ』を生産する計画を進めており、２０１８年の完成直後から組立ラインでの製造が開始されると推定している。

同時に、北朝鮮は、核物質の備蓄、固体燃料エンジン、可動式ミサイル、小型化された弾頭といった信頼性の高い戦略的核兵器に必要な分野の、高い信頼度を誇る能力を速やかに獲得すると考えられている。現在、北朝鮮は、ミサイルの軌道の最終段階での強烈な熱から弾頭を守る能力を検証するために、再突入体（reentry vehicle［ＲＶ］：ミサイルの先頭部分のこと）の実験を直ちに実施すると考えられている。６回目の地下核実験が行なわれたが、放出されたエネルギーは以前の実験よりもはるかに大きかった。このことは、北朝鮮が熱核兵器に向かって順調に進展していることを示している。

また、北朝鮮は、軍の組織の面でも、ハードウエアの面でも、さまざまな演習を行なっている。その一方で、近隣諸国を脅かす北朝鮮の能力は増大し続けている。核弾頭数は、２０１６年末の段階で13から30とみられていたが、２０２０年末には25から60にまで増加すると見られている。そして、２０２０年代半ばまでには80にまで増えるとされている」

つまり、エンジン本体と核弾頭はほぼ完成に近づいており、後は、信頼できる再突入体が完成すれば、北朝鮮のＩＣＢＭはほぼ完成するということです。弾頭数も着実に増加していることから、このまま放置すれば、北朝鮮が強力な核戦力を持つことはほぼ確実であると述べているのです。

アメリカは北朝鮮の核武装を許容しない

それに対して、アメリカの対応は、トランプ大統領が先制攻撃の可能性を排除しておらず、大統領の過剰なレトリックが、「政府の主要閣僚や軍幹部の声明と徐々に一致するようになっている」と警鐘を鳴らしています。

その実例として、チャルマーズ教授は、ジョセフ・ダンフォード統合参謀本部議長の次の発言を引用しています。


「私が言いたいのは、朝鮮半島で紛争が発生すれば、第二次世界大戦以来一度も誰も経験したことがないほどの人命が失われるであろうということだ。（中略）私には、デンバーやコロラドに、みすみす核兵器が打ち込まれる事態は想像できない。（中略）したがって、私の仕事はそうしたことが起きないようにする軍事的オプションを発展させることだ」


そして、アメリカの「国家安全保障会議」（NSC）も、2017年9月には徐々に北朝鮮に対する強硬な制裁案に動きつつあることを指摘し、「アメリカは北朝鮮の核施設に対する先制攻撃というオプションを維持し続ける」とチャルマーズ教授は判断しています。

トランプ大統領が北朝鮮攻撃に前向きな理由として、チャルマーズ教授が指摘しているのが、軍事的攻撃のオプションそれ自体が北朝鮮の圧力になり得るということです。

また、この期《ご》に及んで北朝鮮がミサイル発射や核実験を行なえば、トランプ大統領は、

「外交による問題解決の時間は終わった」と考え、「遅いよりは早めに行動を起こしたほうがよい」と考えるかもしれないと指摘しています。

さらに、トランプ大統領が北朝鮮攻撃に踏み切る理由として、アメリカ国内向けの政治的計算（支持率が上昇する）と、アメリカ・ファーストというイデオロギーへの一致を指摘しています。

結論としていえることは、北朝鮮をこのまま放置すれば実質的な核保有国になり、アメリカはその事態を許容しないということなのです。

抑止は働くのか

北朝鮮が核武装を整えても、アメリカは自らの核兵器で抑止するという戦略もあり得ます。

実際、チャルマーズ教授も、北朝鮮の核武装を「国家の利益という観点から見れば、北朝鮮の戦略核能力を保持するという関与は合理的なものである」と認めています。そして、北朝鮮の核保有が認められた後の展開を次のように予想しています。

「北朝鮮が戦略核兵器を保有すれば、アメリカ、そして韓国との幅広い交渉材料として用いられることになる。非核化と体制変換という選択肢は消滅し、北朝鮮は、自らの力を背景に、制裁措置の緩和、米韓軍事演習の規模縮小、外交関係の開始と朝鮮戦争を正規に収束させるための平和条約の締結を求めるだろう。その代わりに、アメリカは核・ミサイル技術が他国に移転されないように検証可能な保証と、核弾頭のこれ以上の増加を制限することを求めるだろう」

つまり、ロシアや中国、それにインドやパキスタンと同等な核保有国と認めて、いったんは緊張が緩和するというのです。

しかし、チャルマーズ教授は、「韓国も北朝鮮も、朝鮮半島の統一を旗印《はたじるし》として掲《かか》げているということは、北朝鮮の今後の政治的危機の際の不安定化要因である。たとえ、平和条約が締結されてもそうした不安定な状態は継続する」と述べ、「2030年代までには、北朝鮮は、現在の中国が保持しているような米国本土を攻撃する能力を身につける」と予測しています。さらに、「北朝鮮の内部が深刻な危機に瀕《ひん》するような場合に機能するかどうかは、さほど明らかではない」として、金正恩体制の不安定性を不安視しています。

また、トランプ大統領の安全保障担当補佐官のマクマスター将軍は、2017年8月に、「古典的な抑止理論は、体制の性質上、北朝鮮には当てはまらない」と述べています。

この発言は、ジョージ・W・ブッシュ（子）大統領の時に安全保障担当補佐官を務めていたコンドリーサ・ライスが、アメリカとその同盟国は、必要であれば、「北朝鮮の核兵器を容認」し、「伝統的な抑止策」に依存することができると述べていたことに反論する形で発表されました。マクマスターの分析が公式の米国の政策を正確に反映している限りで、戦争の可能性は高まっているといえるでしょう。

3節　英国最高の知性が描き出す凄惨《せいさん》な戦争

開戦

チャルマーズ教授は、米朝衝突の始まりを次のように予想しています。

「戦争が始まるきっかけは多様である。アメリカが先制攻撃に向けて動いていると北朝鮮が信じれば、北朝鮮は先制攻撃を行なう可能性がある。アメリカが決意の表明として前線の軍事プレゼンスを増大させ、それによって、北朝鮮が、戦争は不可避であり、アメリカが先制攻撃を行なうと北朝鮮に確信した場合、このシナリオが実現する可能性がある。

逆に、北朝鮮が新たな能力を誇示したことがきっかけとなって、アメリカが攻撃を開始する場合もある」

つまり、アメリカ、北朝鮮の双方が戦争を開始する可能性が高いというのです。北朝鮮が開戦するのは、自国に先制攻撃が仕掛けられると確信した場合であり、アメリカが先制攻撃を仕掛けるのは、試験発射したミサイルがグアムやカリフォルニアの近くに打ち込まれた場合ということになります。また、トランプ大統領によって「今しかない」という決断が下される可能性もあるでしょう。チャルマーズ教授は、こうして始まった戦争は、「全面攻勢の形態になる可能性のほうが高い」と考えています。

戦争は突然起きる

チャルマーズ教授は、「アメリカによる先制軍事攻撃の脅威をもっともらしく見せ、そうすることで北朝鮮に譲歩を迫るために、アメリカは、あたかも全面攻勢の準備であるかのように、軍の動員を命じる可能性がある」と指摘しています。

「動員」というのは、軍隊を平時の編制から戦時編制に切り替えること、また、そのために兵士を召集することです。さらに、戦争遂行のために国内の資源・施設・人員などを国の管理下に置くという意味もあります。ひと言でいえば、戦争の準備を整えることです。

具体的には、在韓米軍基地からの（将兵の家族を含む）非戦闘要員の避難、韓国に居住・滞在するアメリカ市民と同盟国の市民に対する韓国出国の勧告、韓国政府と日本政府に対して市民の防衛準備を強化するように要請することを挙げています。

しかし、アメリカ市民の避難と軍の増強は、北朝鮮に一定の強制力は持ちうるとしても、韓国側の同意がなければ、「大規模な住民の避難、経済的な混乱、アメリカに対する政治的反発を生み出す」ことになると指摘しています。その結果、かえって、米軍の信頼性が下がることになります。そのために、動員は「比較的低い水準に抑えられる」とチャルマーズ教授は予想しています。

つまり、アメリカ側は、戦争に向けた準備を最低限にとどめるために、戦争が勃発するときは「突然に起きる」ように見えるということです。

仮にアメリカが先制攻撃を決定したとしても、韓国との事前の調整は非常に困難になることは我々にも予想できます。また、事前の協議は、「北朝鮮の報復能力をできるだけ完全にかつ早急に破壊するという作戦上の要請と競合する」ことになります。

したがって、チャルマーズ教授は、「アメリカが先制攻撃の決定を下した場合、同盟国との事前の相談は非常に限定されたものになる」と予想しています。

「攻撃の決定は政策決定を下す人たちのごく限られたグループにしか知らされないであろう。議会と同盟国の主要なパートナーは、攻撃の数時間前になって通知されるかもしれない。中国やロシアの指導者は攻撃が行なわれた段階で通知されることになるだろう。自らの防衛体制の調整を最も望んでいる日本や韓国といった同盟国ですら、アメリカが厳密な情報統制を敷けば、限定的な警告しか得られない可能性がある」

つまり、事前の通告が関係国に伝わらない可能性を指摘しているのです。

しかし、その一方で、アメリカが「自国へのＩＣＢＭの脅威が出現するのを防ぐために、韓国政府の合意を抜きにして先制攻撃を行なうとすれば、『ニューヨークを守るためにソウルを犠牲』にする意思を明確にしたと見なされるであろう」とチャルマーズ教授は述べています。

こうなれば、米韓同盟は開戦の瞬間に崩壊することになります。ソウルの合意がない状態でワシントンが戦争を開始することは技術的には可能ですが、その場合の政治的影響は、アジアの大国としてのアメリカの地位にとって破滅的なものになるともチャルマーズ教授は予測しています。ですから、韓国への事前の相談は、どれだけ簡略化されたものでも必ず行なわれるということでしょう。

限定攻撃は難しい?

北朝鮮攻撃のプランとしてよく語られるのが、核施設に焦点を絞った限定攻撃です。

実際、これまでにも、アメリカやイスラエルは、核・ミサイル技術の拡散を阻止するため、イラクやリビア、それにシリアといった国々の核関連施設に対して限定攻撃を行なってきました。

「そうした選択肢は、北朝鮮の場合も当然考慮されることになる」とチャルマーズ教授は述べています。限定攻撃を行なえば、核・ミサイル開発計画を推進する北朝鮮の能力を減退させるだけでなく、アメリカの真剣さも北朝鮮に理解させることになるでしょう。

しかし、その場合においても、北朝鮮は「アメリカの要求に屈したと見られないために、何らかの報復を行なうしか、他に選択肢はないと感じる」危惧《きぐ》が残るでしょう。アメリカの攻撃が限定的なものであると北朝鮮が理解している場合、全面的な報復措置には出ないものの、「より可能性の高い対応は、より限定的で米軍の攻撃に比例したものになる」とチャルマーズ教授は予想しています。

問題は、北朝鮮側の考える限定攻撃がどの程度のものになるかということでしょう。これには、「通常ミサイルによる米軍基地の攻撃」も含まれるというのです。しかし、その段階で、アメリカが攻撃をエスカレートさせないために準備を行なっていると、北朝鮮が信じることは困難であるともチャルマーズ教授は述べています。

したがって、現在の北朝鮮の実質的な報復能力を考慮するならば、「どのオプションでも西側の同盟国にとって重大な危機をもたらす」ことになります。そのオプションの「限定」が緩《ゆる》められれば緩められるほど、北朝鮮は、大規模一斉《いっせい》攻撃が始まったものとみなし、急速な報復攻撃に乗り出すおそれがあります。

北朝鮮が、最初の段階でできるだけ多くの被害を、韓国や日本、あるいは両国内の米軍基地などに与えさえすれば、韓国と日本はもちろん、この2カ国を通じてアメリカも、平和を求めるようになるはずだと考えるでしょう。

つまり、アメリカ側が限定攻撃を意図していたとしても、北朝鮮側の全面攻勢という結果におわると予想されているのです。

死者は数十万人

このように限定攻撃が不可能であるということになれば、結局、残る手段は全面攻勢ということになります。この点に関してはチャルマーズ教授は次のように述べています。

「限定攻撃に含まれるリスクを考慮すれば、米国がまず大規模な攻撃を開始し、北朝鮮の軍事インフラに対して包括的な攻撃を行なう可能性は高くなる。米国の攻撃は空爆とサイバー攻撃で始まり、そしておそらくは特殊部隊による作戦が付け加えられる。その目的は、北朝鮮が報復攻撃の体制に移る前に北朝鮮の軍事施設をできるだけ無力化するか破壊することにある。数日以内に、米本土のB-2爆撃機と空母の艦載機、それに水上艦船から発射される巡航ミサイルを用いることで、アメリカは強力な攻撃力を結集させるだろう。北朝鮮の指揮管制インフラは、核・ミサイル施設と並んで最優先の攻撃目標になる。また、アメリカは、初期の段階で広範囲に広がる通常兵器や化学兵器施設も攻撃すると見られている」

つまり、米軍は、軍事施設とその指揮管制システムに集中して攻撃を行なうのです。それに対して、韓国も米軍と共に戦うことになるでしょう。なぜなら、米軍と共に戦わなければ、「自国民と自国の領土の被害が増大する」ためです。実際、韓国軍には、時間に追われる北朝鮮の目標を、短距離ミサイル、有人機、それに特殊部隊で攻撃する実質的な能力があります。

それに対して、北朝鮮はどのような戦略を採用するのでしょうか。チャルマーズ教授は次のように予想しています。

「それに対して、北朝鮮の指導部は長年にわたって構築してきた報復計画を実行に移すだろう。というのも、北朝鮮が存続するチャンスは、戦争の最初の数時間に膨大な被害を与えることで、米軍と韓国軍が本格的に稼働する前にアメリカと韓国の意思を打ち砕くことにあると考えているためだ。
北朝鮮には1万門もの大砲と500から600の短距離ミサイルが、韓国を射程に収めたトンネルの中に設置されていると見積もられている。米軍による攻撃の際には、北朝鮮人民軍は、大規模な被害を与え、アメリカと韓国が地上軍を動員する意欲を挫《くじ》くために、これらの大砲とスカッドミサイルをソウル地域、米軍基地、韓国軍基地周辺に向けて斉射《せいしゃ》を行なうと見られている」

つまり、北朝鮮は、開戦直後に大攻勢を仕掛け、できるだけ大規模な被害を与えようとするというのです。

さらに、チャルマーズ教授は、北朝鮮による生物兵器・化学兵器の使用の可能性にも言及しています。

「化学兵器の使用は、北朝鮮による反攻作戦の中で重要な要素となるだろう。おそらくは、シリア内戦の際に、シリア政府がテロ兵器としてこれらの化学兵器を繰り返し使用した経験から学んでいると見られるためである。韓国政府によれば、北朝鮮には2500トンから5000トンの生物・化学兵器があり、その中には炭疽菌《たんそ》、天然痘、それにサリン神経ガスも含まれている」

そして、北朝鮮側の攻撃が序盤で沈黙しない可能性にも言及しています。

「いったん北朝鮮が火力を使用すれば、容赦《ようしゃ》のない弾幕《だんまく》攻撃を継続しなければならなくなる。ある評価によれば、1時間当たりの損耗率《そんもう》（兵器が使用不可になったり、将兵が死傷したりする率）は1パーセントである。しかし、地下に縦横に巡らされた地下壕《ごう》のお陰で、攻撃能力はかなり長く維持されると見られている」

北朝鮮の核使用に関してはどうでしょうか。この点に関しては、「アメリカ軍と韓国軍の断続的な攻撃から核戦力を維持できると北朝鮮が確信できる」場合には、北朝鮮は「核弾道付きのミサイルも含めて武器の一部をあえて維持しておく」可能性があるとチャルマーズ教授は指摘しています。逆に、核戦力を維持する自信がない場合には、「戦闘の初期に使用される確率が高くなる」というのです。

その結果、戦争による被害も甚大《じんだい》なものになることが予想されています。

「戦争の第1段階では、双方の国の軍隊や一般市民にも大きな犠牲者が生じると考えられる。その数は、1週間で数万から数十万人にも及ぶだろう。それ以上の多くの人たちが負傷し、精神的なダメージを受けるだろう。北朝鮮と韓国の広い範囲で、多くの人が亡くなり、数百万の難民が、最初の攻撃で被害が及ばなかった地域に、避難所を求めて詰めかけるだろう。そして、そのうちの多くが近隣諸国に脱出しようと試みる。核兵器が使用された場合、その被害ははるかに大きなものになる。ソウルに1発原爆が投下されるだけで、1週間以内に数十万人が死亡し、それ以上の人たちが負傷し病気になるだろう」

大量の犠牲者、難民の発生の結果、「1週間以内に数十万人が死亡し、それ以上の人たちが負傷し病気になる」というのです。

少し付け加えるならば、米国議会調査局も今回の朝鮮戦争の被害を予測しています。「ブルームバーグ」のレポートによれば、「北朝鮮が通常兵器を使用するだけで、戦闘初日に3万から30万が死亡すると予測される」とのことです。※注4

このように、朝鮮戦争の結果、我々が想像できないほどの被害が生まれることになります。

地上戦

第二次朝鮮戦争はそれでは終わりません。大規模な砲撃と空爆の後には地上戦が控えているためです。これについて、チャルマーズ教授は次のように述べます。

「空爆は十分に防御された（ミサイルや核施設を含む）地下施設を破壊するには十分ではないだろう。そして北朝鮮による大規模侵攻の準備は、特殊部隊の展開と並んで、即座に開始されるだろう。63万の韓国軍は一連の洗練された通常兵器を備えている。それらの多くは、北朝鮮に対する統合された攻撃力の一部として使用可能である。アメリカは、戦争開始直後からこれらの兵力が利用可能になると想定している。そして、米軍の地上部隊が戦域に到着する前に、軍事バランスを有利な方向に動かすために利用することだろう。

原則上は、アメリカと韓国は、北朝鮮の目に見える（地上にある）核・ミサイル能力の大部分を破壊することに成功した後、停戦を決定できる。しかし、実際上は、攻撃が成功したという高い確信をもたらすのは地上軍だけである。さらに、アメリカ人を含めた数万から数十万がすでに死亡しており、北朝鮮を管理し、できるだけ早い時期に核開発を再開することができ、おそらくはそう決意を固めている金一族をそのまま維持するという政治的合意にアメリカが同意することは困難だろう」

地上戦は、主に韓国軍が主体となり、地上軍の円滑な侵攻により、ようやく停戦が可能になると見られています。北朝鮮側の反撃も予想されますが、「通常兵力による侵攻は可能性が低い」とチャルマーズ教授は予測しています。

簡単ではない占領政策

イラク戦にしても、アメリカ軍が必ず失敗しているのは、戦後秩序の構築という点です。この点に関して、チャルマーズ教授は次のように分析しています。

「北朝鮮と北朝鮮に対抗する同盟の能力の質的な差を考慮するならば、95万という巨大な編制を持つ北朝鮮軍が崩壊するのは、侵略が開始されてから、数週間以内とはいえないまでも数カ月後のことになる。その後、韓国と同盟国による占領に入る。

　しかしながら、北朝鮮は、数十年にわたってアメリカの通常戦力に対抗してきた他の諸国と同様に、他の手段で占領に対抗しようとするだろう。つまり、アメリカの戦争に対するアプローチの弱さを利用するのである。そして、それはイラクやアフガニスタンではっきりと実証されている。たとえば、都市における作戦が長引けば、アメリカの弱さと地の利がある北朝鮮の強さが際立つことになる。そうすれば、占領の政治的合法性が揺るがされ、政治的解決に向けた圧力が増すことになる。占領軍に対するより広範な反乱作戦、前政権の指導者によって率いられた協力者、地下施設の広大なネットワークとそこに生存するために蓄えられた物資、それに最初の攻撃を逃れた北朝鮮人民軍部隊との協力があれば、多数の北朝鮮住民による支援を利用できる。それによって、アメリカと韓国の占領軍は長期にわたって報復攻撃を受けることになるだろう。

　そのために、アメリカの圧倒的な支援の下で、しばらくの間、韓国軍の大規模な派遣部隊が、北朝鮮の残存勢力と戦闘を継続するという可能性に備える必要がある。侵略の最初の数日、もしくは最初の数週間、新たに占領された地域の秩序を維持するためにきわめて困難な決定がなされなければならなくなる」

これは、イラク戦での苦い経験が米国や英国の政策立案者の発想に非常に暗い影を落としていることがよくわかる分析です。

国家の抑圧機構が突然瓦解《がかい》すると、大規模な国有財産の略奪、報復殺人、財産の奪取などが生じるものです。現在12万人と見積もられている北朝鮮の収容所から政治犯を解放すると、地域の治安はさらに悪化することでしょう。これに対して、北朝鮮のエリートは、体制が崩壊すれば、自分の身が危《あや》うくなるのではないかという懸念を持っているのです。

イラク戦においては、イラク戦での「連合国暫定政府」(Coalition Provisional Authority)が、2003年5月にイラク軍とバース党を解体してしまいました。その結果生じた政治的・治安上の空白を急速に埋めたのが、個人的もしくはセクト的な目的を追求する者たちでした。そこに旧バース党の軍の元将校に率いられた組織的な反乱が続きました。その後の混乱からイスラム国が生まれたことも知られています。

こうした事態を回避するために、チャルマーズ教授は、「韓国政府と韓国軍は、アメリカが2003年にサダム(フセイン)の同盟者に払ったよりも多くの要望を受け入れる姿勢を北朝鮮のエリートに対して見せる必要がある」と主張します。

具体的には、「より広範な統一国家を創設するという取り組みの枠組みにおいて、たとえば、ある程度の連邦制の採用といった様々な移行措置が政治的安定化のために考慮される可能性がある」と述べ、金一族は除くが、北朝鮮の体制をすぐに解体しないほうがよいという指摘をしているのです。

4節　いくつかの不確定要素

中国が介入する可能性

ただ、これまでに紹介した戦争の予測にはまだ不確定要因が残ってます。そのうちの最大のものが中国の対応です。

チャルマーズ教授は、アメリカが北朝鮮を先制攻撃した場合に起こる中国の反発を予想しています。

「中国の数少ない同盟国の崩壊と中国の国境沿いへの米軍の侵攻は、中国の指導部を侮辱することになりかねない」

そして、ソウルに在住する10万人を含めて、韓国に在住する100万人の中国人が、北朝鮮からの報復攻撃とその後の混乱で被害に遭《あ》うと予測しています。

また、中国が懸念しているのは、国境を越えて流入する膨大な難民の可能性です。この難民の発生によって、国境沿いの地域の不安定性が増すことになります。チャルマーズ教授によれば、中国は、すでに戦争勃発に備えて北朝鮮の国境沿いに軍のプレゼンスを強化しているという兆候があります。紛争に際しては、国境沿いに難民キャンプを設置しなければならないだろうという、退役した人民解放軍の将校の発言を紹介しています。

さらに、中国軍が介入する可能性もチャルマーズ教授は示唆《しさ》しています。その目的は、米軍(もしくは同盟国軍)が国境沿いに届かないようにすることであり、そして、占領後の過程で政治的な発言権を最大化することにあります。たとえば、寧辺《ニョンビョン》の核施設、豊渓里《プンゲリ》の核実験場を含めた北朝鮮に隣接する緩衝《かんしょう》地帯を占領しようとするかもしれません。これらの施設は中朝国境から100キロメートル以内の場所にあるためです。

もし、中国が北朝鮮の体制全体もしくはその一部を守るつもりならば、中国が米韓合同軍と対峙《たいじ》する可能性は非常に高くなるとチャルマーズ教授は予測し、重要なのは朝鮮戦争後の状況であると断言しています。

まず中国は、「協力の見返りに、新たに統一された朝鮮の領土から米軍の撤退を求める」可能性があります。また、軍事的に介入する意思がない場合ですら、中国は北朝鮮に政治・経済面で十分に影響力を行使できるとチャルマーズ教授は考えています。

その一方で、「万一、国際連合の後押しを受けて、アメリカと中国が、戦後の朝鮮問題に関する長期的政治的解決について合意することになれば、二大国の広範な関係はいっそう発展する」ことになります。したがって、賭けられているものは非常に大きいといえます。つまり、朝鮮半島だけでなく、東アジアの情勢が激変する可能性があるのです。

核攻撃の可能性

再び朝鮮戦争が勃発するとすれば、その中心的目的の一つは、朝鮮半島の非核化、つまり、核保有国を9カ国から8カ国（米・中・英・仏・露、インド、パキスタン、イスラエル）に減らすことにあります。核能力の取得に関心がある他の国家は、このプロセスと結果を、詳細に観察することでしょう。

なかでも懸念されているのが、イランへの対応です。現在、トランプ大統領はイランとの核合意を解消しようとしています。もし、その結果、核合意が解消され、イランが核兵器を入手しようとする努力を復活させるならば、アメリカとイスラエルのイランに対する軍事的オプションは、再び検討課題になるとチャルマーズ教授は述べています。アメリカが同時に2つの地域で主要な国家の敵に対する大紛争に関与するとは考えにくいのですが、トランプ大統領が北朝鮮に対する積極的姿勢を明らかにすれば、米国によるイラン攻撃の可能性への懸念は増大することでしょう。

ただ、アメリカ側が今回の朝鮮半島における戦争で核を使用するという可能性は低そうです。チャルマーズ教授は次のように指摘しています。

「そうした核による報復は、作戦上は不必要であるし、道義上も受け入れることができない。場所さえ特定できれば、北朝鮮の大多数の軍事関連攻撃目標は通常兵器で破壊することが可能である。通常の弾薬では届かないような地下深くに地下壕がある場合でも、アメリカの制空権が確立しているので、地上部隊がそれらの地下壕を制圧するまでそうした施設を無力化することができる」

結局のところ、報復の手段としてアメリカが核兵器を使用することは、道義的に受け入れられないだけでなく、アメリカの国際的名声に永続的なダメージをもたらすことになります。ですから、よほどのことがなければ、アメリカが核を使用する事態は考えにくいのです。

しかし、北朝鮮の立場から見れば、事態はまったく逆になります。北朝鮮への侵攻作戦の際には、北朝鮮政府は、近隣諸国の一つに核兵器を使用する誘惑に駆られることになるとチャルマーズ教授は指摘します。そして、大規模攻勢を繰り返さない代価として停戦のような政治的譲歩を要求することでしょう。しかし、その結果、「強大な国家に対峙している弱小国家にとって核兵器は政治的に有用であると見なされるならば、その結果としてのより幅広い核拡散は非常に深刻なものになる」とも述べています。今後、世界中の弱小国に核が拡散するか否かを決定するのが、北朝鮮情勢であるということです。

経済的不確実性

現在でこそ緊張した状態が継続していますが、朝鮮半島、それにより幅広い意味で北東アジアは、1950年代以来平和な状態が続いてきました。その結果として、北東アジアは、世界の3大経済大国のうちの2カ国（中国・日本）を擁する世界でも経済的に最もダイナミックな地域の一つとなりました。2016年の段階で、韓国だけでも、GDPではロシアを10パーセント上回っているのです（韓国：1・41兆ドル、ロシア：1・28兆ドル）。

「朝鮮半島での戦争は、この経済上の成功に深刻な影響を与えることになる」とチャルマーズ教授は予測しています。いざ戦争という事態になれば、多くの商品やサービスの供給はストップします。グローバル企業は、韓国に本拠を置くサムスン電子を含めた韓国の主要なハイテク企業への依存を高めており、代替の供給源を見つけるには相当の費用がかかることになるでしょう。空輸や海上輸送の経路も寸断され、おそらく停止すると見られます。

さらに、経済という面でも中国との関係が重要になります。朝鮮半島での戦争は、中国の近隣諸国における利益を脅かすことになります。

その結果、「第二次朝鮮戦争は米中の緊張を高めることになる」とチャルマーズ教授は予測しています。たとえば、通商や投資の面で制裁が強化される可能性が高まるからです。中国が北朝鮮の戦闘行為に対して万一支援を提供するようであれば、（現在ロシアに適用されているような）戦略的な制裁を中国にも適用するべきだと主張する論者がアメリカにもいます。

中国も、アメリカの国債投資や中国におけるアメリカの法人投資家に対して、さまざまな報復措置をとることができます。つまり、米中経済戦争に発展する可能性をチャルマーズ教授は指摘しているのです。

また、戦後のコストに関しては、大部分が韓国が受け持つことになると予測されています。

「韓国では急速な高齢化が進行していることを考慮すれば、追加的労働力にアクセスできるということは、長期的には、経済的利点になり得る。しかし、いずれにせよ、政治的な安定性に依存するこれらの潜在的な利点も、再建と投資の費用と比較すればかすんでしまう」

英国の対応

このチャルマーズ教授の予測は、アメリカが北朝鮮を先制攻撃した場合を想定しています。アメリカが先制攻撃を行なう場合、「アメリカ大統領は、攻撃の数時間前に、ダウニング街10番地（英国首相官邸）に、支援を求めるために電話をかけ」、「ロシアと中国は即座に国連安保理の開催を求める」ことになるでしょう。世界中のメディアが、展開される危機を始終生中継で伝えるのはいうまでもありません。

ただ、英国政府には、その後の政策を判断するのに、「数時間しか残されていない」とチャルマーズ教授は述べています。しかし、その政策決定は、2003年のイラク戦の時と同様に、英国の国際的な立場、英国の内政に対して重大な影響を持つことになります。

これに対して、チャルマーズ教授は、2003年の場合とは対照的に、アメリカが戦争を開始した段階で、英国政府が下院に軍事活動支援を承諾させることができると考えるのは困難だと指摘しています。最近のイラク、アフガニスタン、それにリビアにおける残念な経験の後では、英国下院は米国主導の軍事介入を支持するという点では、一般国民以上にはるかに懐疑的だというのです。

しかしながら、英国政府は、「英国の最も重要な同盟国の軍が、半世紀の間、経験したことがなかったほどの苛烈《かれつ》な戦争に従事」しており、「韓国における英国のプレゼンス」が限定的なものであるとはいえ、「日本や韓国との安全保障上の強い絆《きずな》の重要性」もよく了解しているはずだとチャルマーズ教授は述べています。

したがって、英国政府は、「これらの諸国の観点も英国の政策の中に盛り込むことを望む」

というのです。そして、米軍の行動に先立って日本や韓国がどれほど留保しようと、いったん戦争が始まれば、アメリカの支援のために軍事上・兵站《へいたん》上の支援を提供せざるを得ないだろうとチャルマーズ教授は判断しています。日本や韓国は、英国、オーストラリア、それに他の西側諸国にも同様の支援を期待するでしょう。

それでは、このシナリオにおいて英国はどう行動すべきなのでしょうか。チャルマーズ教授は、第一に、アメリカの行動への無条件の支援は拒否するべきだと主張します。韓国や日本の観点には注意を払いつつも、事前の相談がなかったこと、軍事行動は支持していなかったことを明らかにすべきだというのです。

第二に、他のヨーロッパ諸国やEUと並んで、アメリカに戦後の共通の目的を交渉するための機構を確立する際には、「中国と共同歩調を取ること」が必要になるとチャルマーズ教授は述べます。朝鮮内部の政治的解決は、中国とアメリカからの支援が得られなければ、安定的なものにはならないからです。

そして、中心的な指導方針は、「アメリカも中国も双方が、相手のほうが実質的な戦略上の利益を得たと感じられないような最終解決案を生み出すこと」になるというのです。

戦争の結果、朝鮮半島の非核化が実現しても、「朝鮮との1400キロメートルにわたる国境沿いに米軍とその同盟国の軍が駐留することになれば、中国が安全保障上の懸念を持つ」ことは理解できます。これは、同盟国がどのようなものを選択しようと、統一朝鮮の主権国家としての決断だけで決定できることではありません。北東アジアの安定と平和を紛争後に回復させるためには、地政学的なバランスの必要性が認識される必要があります。そうでなければ、統一朝鮮はアジアにおける新たな冷戦をもたらすことになるとチャルマーズ教授は予測しています。

つまり、朝鮮半島から北朝鮮が消滅したとしても、米中の対立が深刻化すれば、引き続き第三次朝鮮戦争、第四次朝鮮戦争が勃発する可能性があるということなのです。

たしかに、今回の朝鮮半島危機から、いますぐ第三次世界大戦につながることはないのかもしれません。しかし、世界の他の地域で始まった戦火が、米中対立の最前線となる朝鮮半島にも燃え移るという可能性は、我々が考えるよりはるかに高いといえるでしょう。

3章　北朝鮮の核が日本に落ちるとき

1節　北朝鮮の核兵器の脅威

広島型原爆の10倍から17倍の威力

北朝鮮による核の被害を想定する場合には、なによりもまず、爆発の規模が問題となります。被害が及ぶ範囲の半径は、爆発の規模に比例します。つまり、爆発力が大きければ大きいほど、その半径は大きくなり、被害も増大するということです。

小野寺五典《おのでらいつのり》防衛相が北朝鮮の核爆弾は160キロトンという推定を発表しています。※注1　広島に落とされた原爆の爆発の規模は16キロトンですから、その10倍に相当します。さらに、小野寺防衛相は、NHKの番組において「水爆ならばメガトン級まで出力を高めることはでき、技術は確実に進歩している」と語っています。※注2　これが事実ならば、広島での14万人といった被害では済まないことも理解できるでしょう。

しかし、この防衛省の推定よりも、より大きな推定値を算出している研究機関もあります。米ジョンズ・ホプキンス大学米韓研究所の北朝鮮分析ブログ「38ノース」の分析によれば、「(9月) 3日の核実験による地震の新データは約250キロトンの強さの爆発を示唆した」というのです。※注3　こうなれば、広島型原爆の17倍に相当することになります。

核爆発はその爆発点により、高高度、空中、地表、地下と分類されます。大まかに分けて、空中核爆発と、地表核爆発、地下核爆発に分類してもよいでしょう。

空中核爆発の場合、核分裂物質のほとんどが上空へ拡散します。そのために、地球規模の核汚染にはなりますが、爆弾が投下された地上の汚染は少なく、また、放射能による汚染が後々まで問題になることは少ないのです。その一方で、熱線が地上を襲います。

これに対して、地表核爆発では、風下に致命的な被害が起こります。

1954年3月1日にビキニ環礁《かんしょう》で実施された核実験は、地表核爆発です。広島型原子爆弾原爆の約1000倍に相当する15メガトンの水素爆弾が炸裂《さくれつ》し、海底に直径約2キロメートル、深さ73メートルのクレーターが形成されました。それと同時に、舞い上がった膨大な量の白色の核の灰が風下に運ばれ、爆破地点から190キロメートルも離れた地点で、皮膚炎や嘔吐《おうと》などの障害が発生し、後に甲状腺癌《こうじょうせんがん》が多発したのです。

つまり、核弾頭ミサイルを地上付近で爆発させた場合、致命的な被害が広範囲に及ぶことが予想されます。とりわけ爆心地付近は、放射性物質の残存によって、荒廃した土地になってしまうということです。

つまり、核爆弾の被害を想定するに当たっては、その爆発の規模と爆発高度という2つの要素を見ることになります。

2節 NUKEMAPで核被害を予測する

5つの円が表わすもの

東京のような大都市に、核爆弾が投下された場合、その損害がどの程度のものになるのかはわかりません。しかし、最大限の被害を大まかに把握することはできます。

それは、核兵器史家でありスティーブンス工科大学で教鞭《きょうべん》を執《と》っているアレックス・ウエラースタイン准教授の作成した「NUKEMAP」（ヌーク・マップ ※注4）を使用することです。

現行のNUKEMAPには欠点があります。

それは、軍事研究家の兵藤二十八《ひょうどうにそはち》氏によると、第一に、2011年の1日を平均した人口の統計値を用い、単純に面積で割ることによって予想死者数を割り出すという簡略化が行なわれていることです。

第二に、空中爆発を想定した場合の最適爆発高度で、爆風効果が最大面積になるように設定されていることです。放射線効果や焼夷《しょうい》効果が最大面積化する高度は別なのですが、NUKEMAPでは、すべての効果の最大面積が表示されるようになっており、あくまで被害の最大限を大まかに知ることが目的となっているのです。※注5

もっとも、こうした欠点さえ頭に入れておけば、おおよそどの程度の被害が生じるのかを知ることができます。

それでは、このNUKEMAPの見方を説明しましょう。実際の図（92ページ）を見ていただくと、爆発の中心地点から5つの円が描かれています。円には、それぞれ次のような意味があります。

（1）いちばん真ん中の円は、核による火球の最大限の範囲です。

生命への影響は起爆時の爆弾の高度によります。もし、地上で爆発した場合、放出される放射性物質は著しく増大することになります。

(2) 内側から2番目の円は、著しい空気爆発が見られる範囲です。

20重量ポンド毎平方インチの風圧がかかる領域です。この数値を、具体的に説明すれば、この円の内部は、コンクリート建造物が著しい被害を受けるか、倒壊します。致死率は100パーセントです。

(3) 内側から3番目の円は、放射線の影響が著しい領域です。

放射線量は500レム。100レムが1シーベルトですから、5シーベルトということになります。この領域では、爆発の影響だけを考慮した場合の致死率が50パーセントから90パーセントになります。死亡するのは数時間後から数週間後です。

(4) 内側から4番目の円は、空気爆発の範囲です。

5重量ポンド毎平方インチの風圧がかかる領域です。大部分の一般家屋は倒壊します。死傷者も多数発生します。

（5）いちばん外側の円は、第3度の火傷《やけど》を受ける範囲です。皮膚の下にまで火傷が及びます。そして、神経が焼き切れるために、痛まないのです。しかし、この火傷は痕《あと》になって残るか、身体障害をもたらす場合があります。また、身体を切除する必要がある場合もあります。

東京に北朝鮮の核が落とされた場合

暫定的に、北朝鮮の核の規模を、予測の最大値である250キロトンとしておきましょう。まず、東京（皇居）の空中で核爆発した場合の被害想定を示したのが**【図1】**です。皇居はおろか霞《かすみ》が関《せき》は完全に壊滅することになります。とくに2番目の円の内部はほとんどの人が生き残れないはずです（地下街にいれば別ですが）。

この図を見るかぎり、国の中枢はおろか、銀座《ぎんざ》や新橋《しんばし》、それに大学が密集する御茶ノ水《おちゃのみず》もほぼ壊滅状態になることがわかります。四ツ谷《よつや》の上智《じょうち》大学も壊滅的な打撃を受けます。また、熱線で第3度火傷の被害を受ける可能性がある領域が、JR山手《やまのて》線内側のほぼ全域に及びます。池袋《いけぶくろ》、新宿《しんじゅく》、渋谷《しぶや》なども直線距離的には被害が及ぶ範囲といえます。

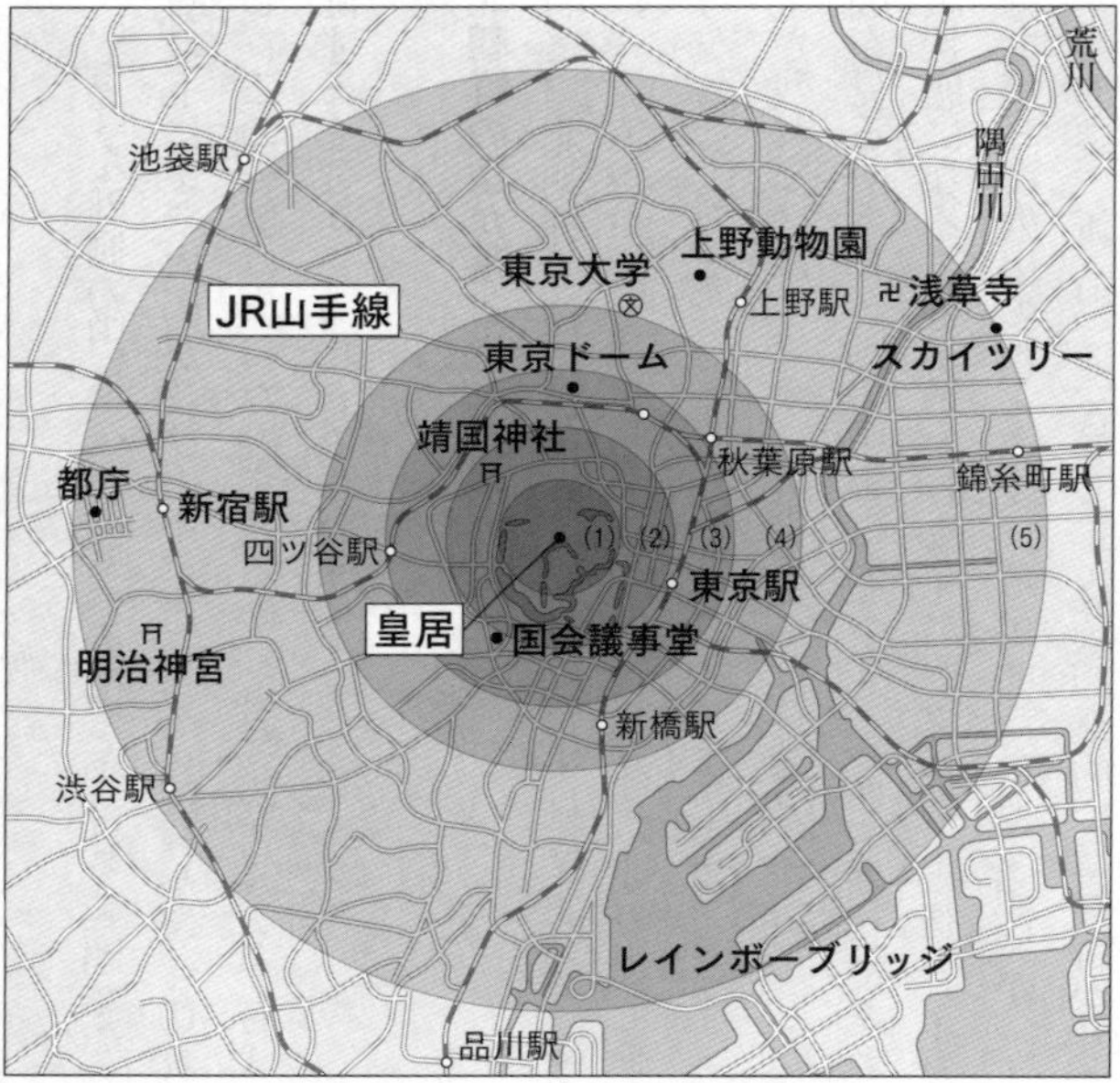

【図 1】 東京の被害想定。NUKEMAP を参考に作成

この場合の、ＮＵＫＥＭＡＰの予想する死者は59万１８２０人、負傷者は２４５万７９８０人になります。ただ、実際には多くの建造物があるために、直接熱線の被害を受けることは少ないとは予想できます。また、その圏内であっても、東京は起伏に富んだ地形が多く、場所によっては軽度の被害で済む場合もあるでしょう。

皇居を爆発地点に選びましたが、内側から3番目の円は、放射線の影響が著しい領域に赤《あか》坂《さか》御所の半分がかぶっています。この円の内部であれば、致死率が非常に高いため、皇統が一瞬にして途絶《とだ》えてしまう可能性も高くなります。霞が関や永田町《ながたちょう》でも大きな被害が予想されます。日本の国家機構があっという間に消滅することになるのです。

名古屋に落とされた場合

名古屋は繁華街の中心部、テレビ塔に落とされた場合が**【図2】**です。

この図からすると、名古屋駅周辺のビルの背後であれば辛うじて大丈夫な気がします。また、名古屋には地下鉄があるので、Ｊアラートで地下街に避難しておけば命は助かる可能性は高いでしょう。中心から2番目の円までは致死率１００パーセントですので、名古屋の繁華街はほぼ跡形もなく吹き飛ぶことになります。名古屋城は倒壊し、熱田《あつた》神宮にも被害が及

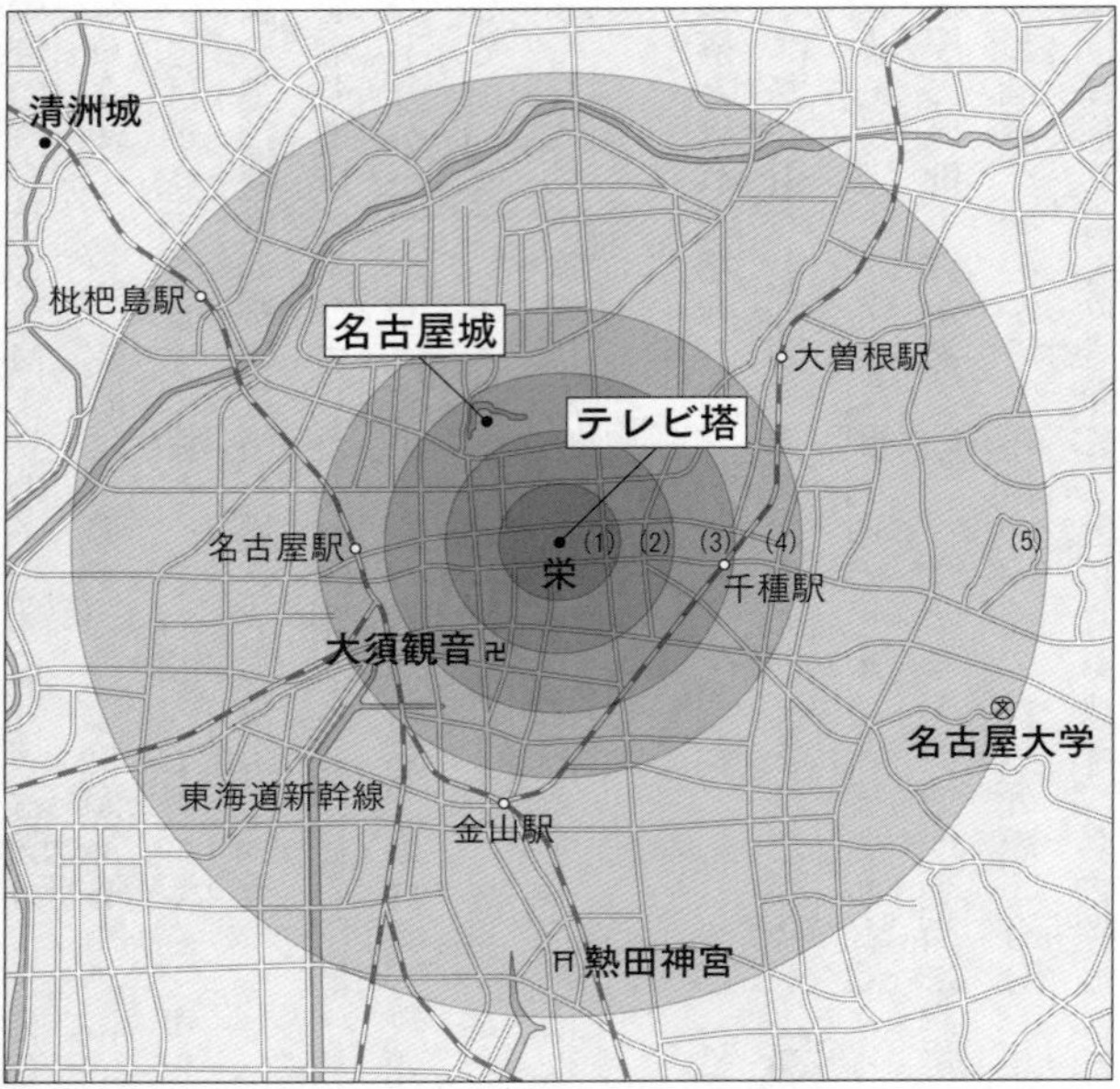

【図 2】 名古屋（テレビ塔）の NUKEMAP（250 キロトン）

びます。この場合のNUKEMAPの予想する死者は53万5130人、負傷者は242万6760人になります。

また、北朝鮮が狙うとすれば、軍事施設も含まれるでしょう。中京地区では、名古屋空港と併設されている小牧《こまき》基地などもターゲットとして想定されます。また、空港は障害物のない平坦な場所ですので、周辺への被害もより大きくなると考えられます。名古屋空港周辺には学校が多くあります。

大阪に落とされた場合

大阪の場合は、JRや阪急・阪神の路線が集中する大阪駅周辺を爆心地として想定しました。それが【図3】です。

東京の場合はオフィス街中心になるので、これが日曜日だったら助かる可能性も高いと予測できたのですが、大阪の場合は愕然《がくぜん》とさせられました。とくに鶴見《つるみ》公園の手前の地域までが第3次火傷が予想される地域に含まれています。北部も江坂《えさか》の手前までが含まれますから、マンションが密集していることを考えれば、かなりの被害が予想されます。この場合のNUKEMAPの予想する死者は60万2220人、負傷者は183万8650人になります。

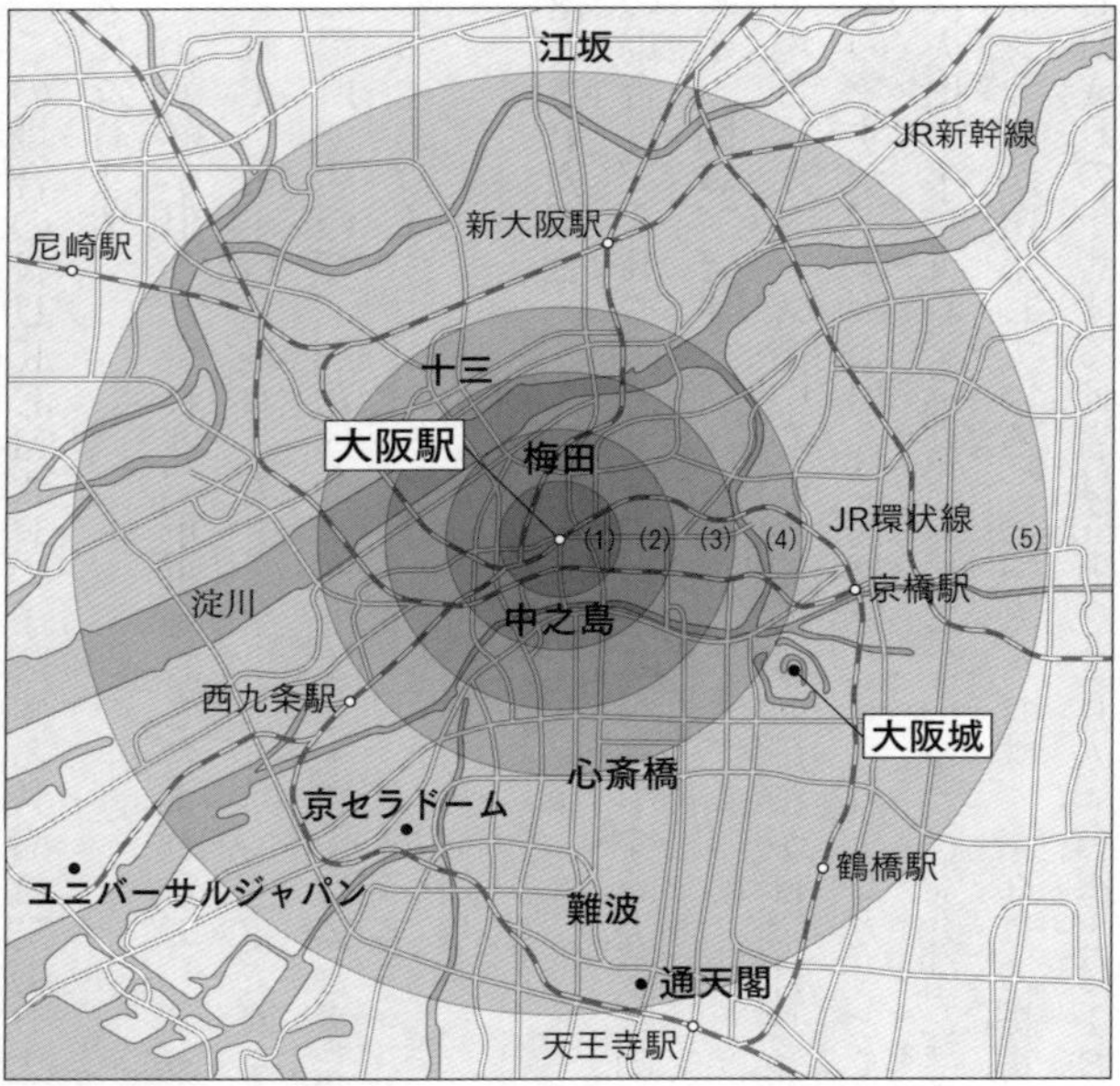

【図 3】 大阪（大阪駅）の NUKEMAP（250 キロトン）

広島・長崎の原爆との比較

ＮＵＫＥＭＡＰでの被害者想定には限界があり、これほどの犠牲者が出るということには疑問もありますが、東京、名古屋、大阪という日本の三大都市圏に核が落ちれば、数十万単位の死者と数百万単位の負傷者が発生するという予測は、決して大げさな想定ではないと考えるべきでしょう。

北朝鮮核攻撃の脅威を認識する意味で、長崎・広島で落とされた原爆と今回の２５０キロトン核爆弾の被害想定を比較してみましょう。

まず、１９４５年に広島に落とされた原爆被害の想定図が【図４ａ】です。市街地の中心ではありますが、鉄道への被害は比較的軽微であることがわかります。

それでは、今回の北朝鮮の核が落とされた場合の被害はどうなるでしょうか。その想定図が【図４ｂ】です。

改めて驚かされるのですが、広島という都市が丸ごと破壊されることになるのです。

次に長崎の場合も比較してみましょう。１９４５年の長崎の原爆落下地点は市の北部で、南部の方にまでは被害は及びませんでした。それが【図５ａ】の想定図にも現われています。現存する大浦天主堂《おおうらてんしゅどう》などには直接の被害が及ばなかったことがわかります。

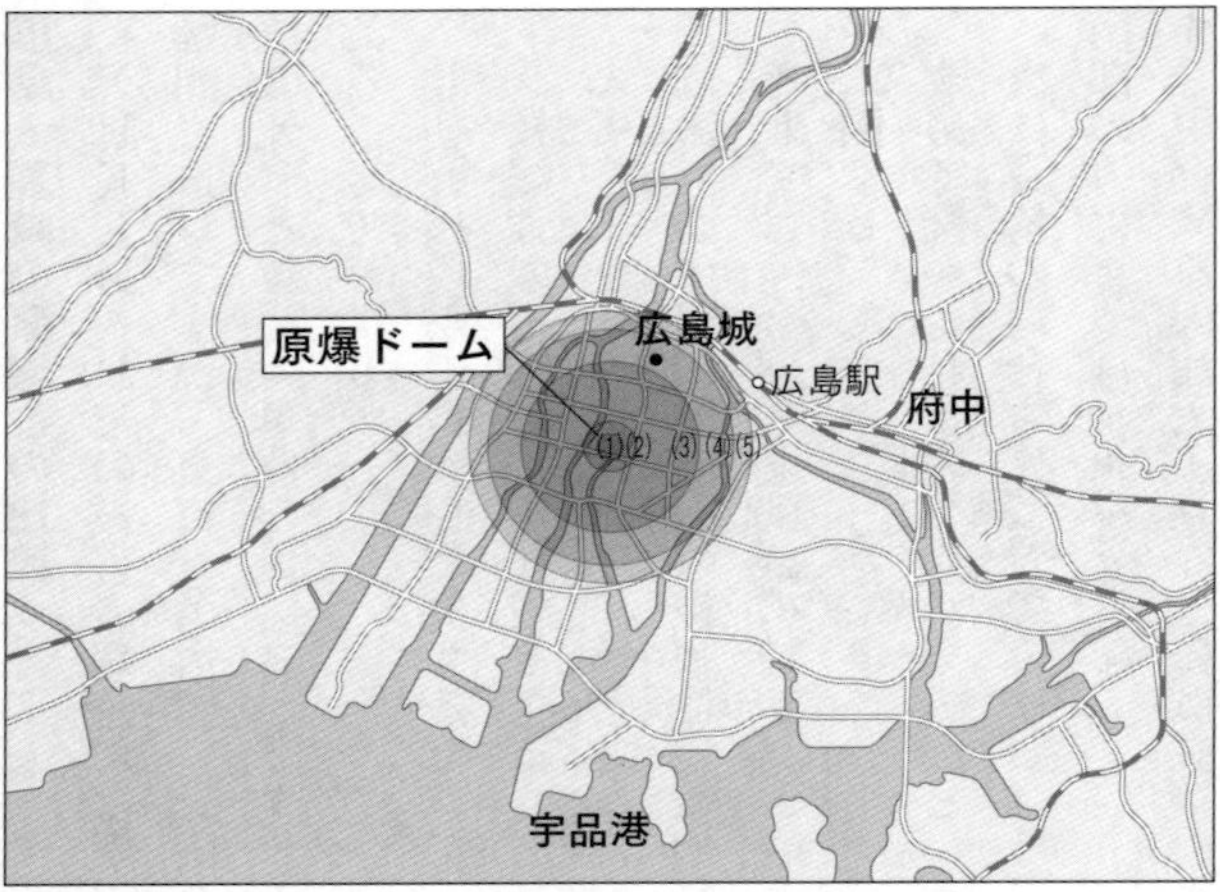

【図 4a】 1945 年 8 月 6 日、広島の NUKEMAP

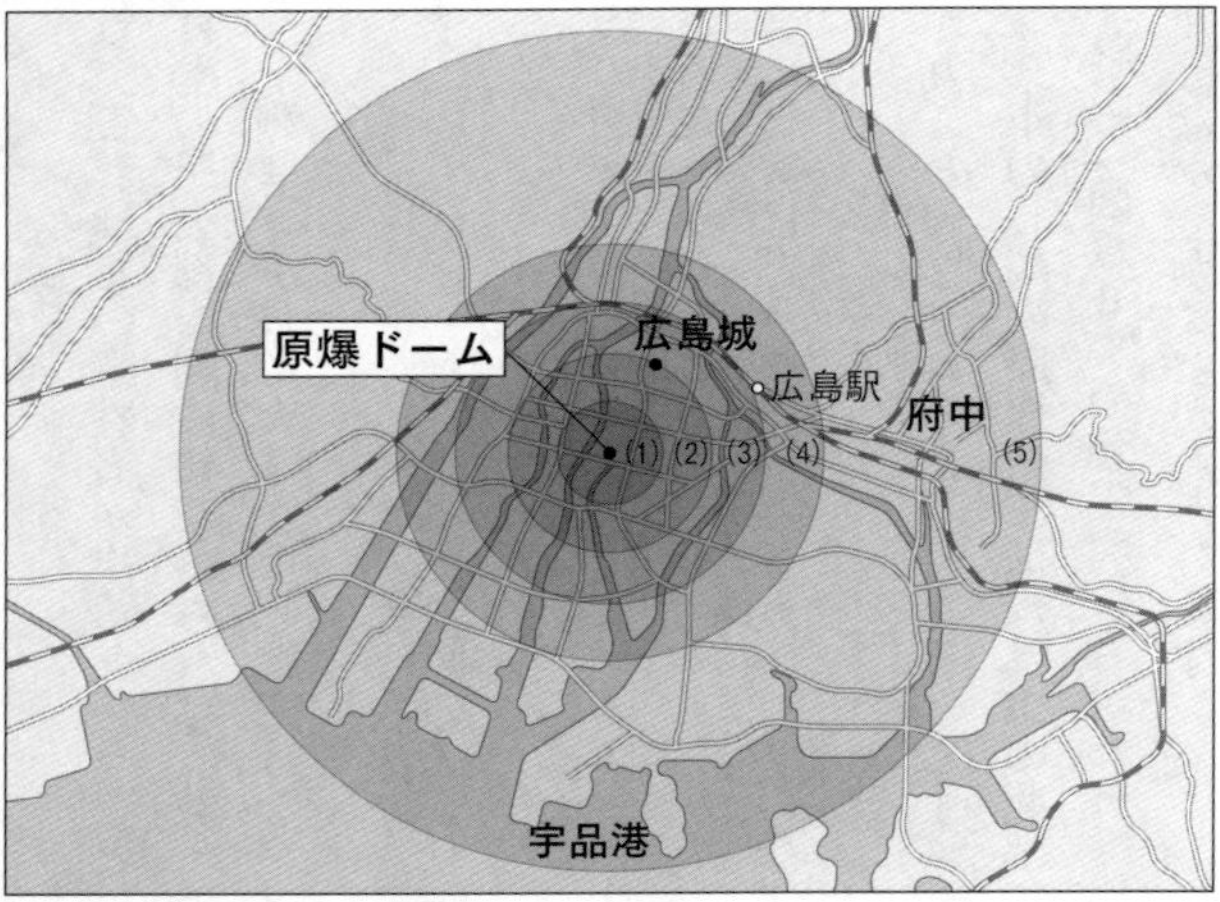

【図 4b】 広島（原爆ドーム）の NUKEMAP（250 キロトン）

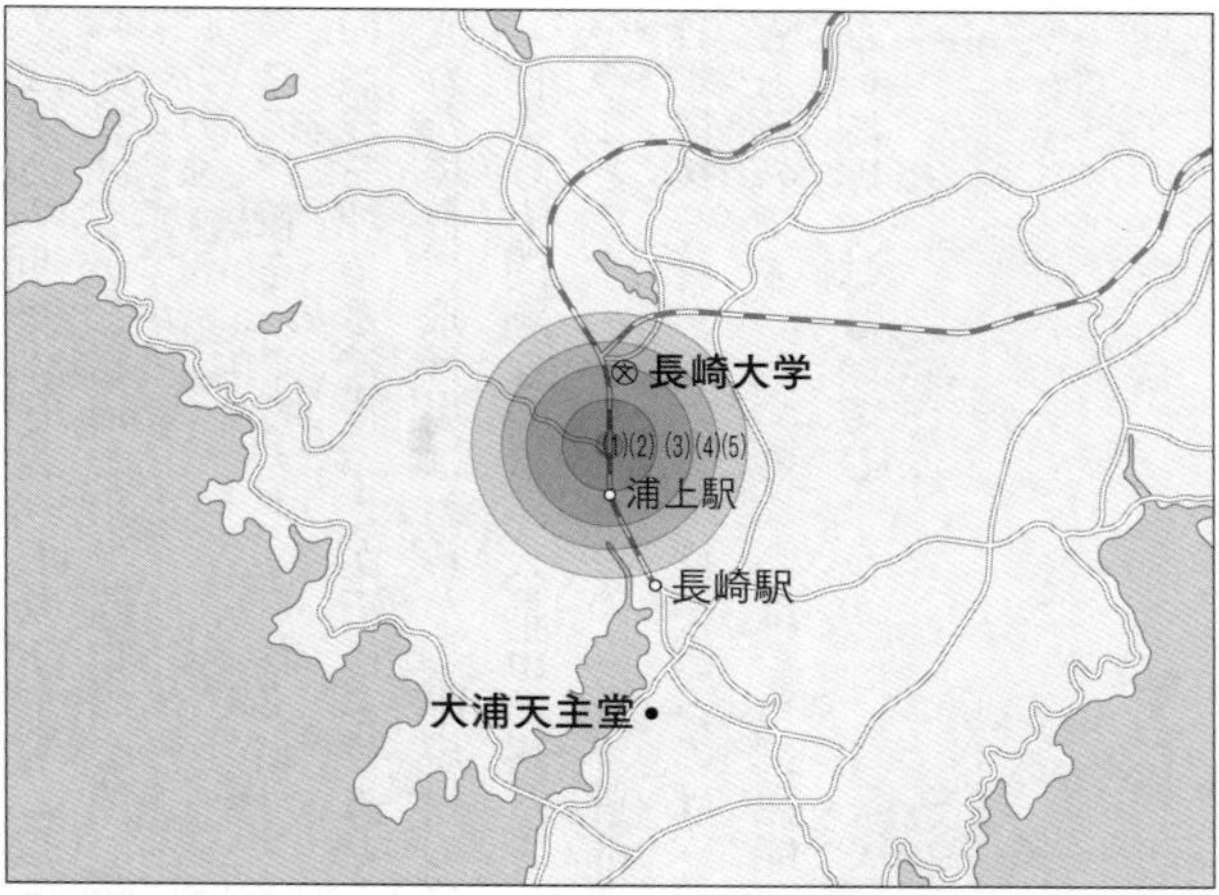

【図 5a】 1945 年 8 月 9 日、長崎の NUKEMAP

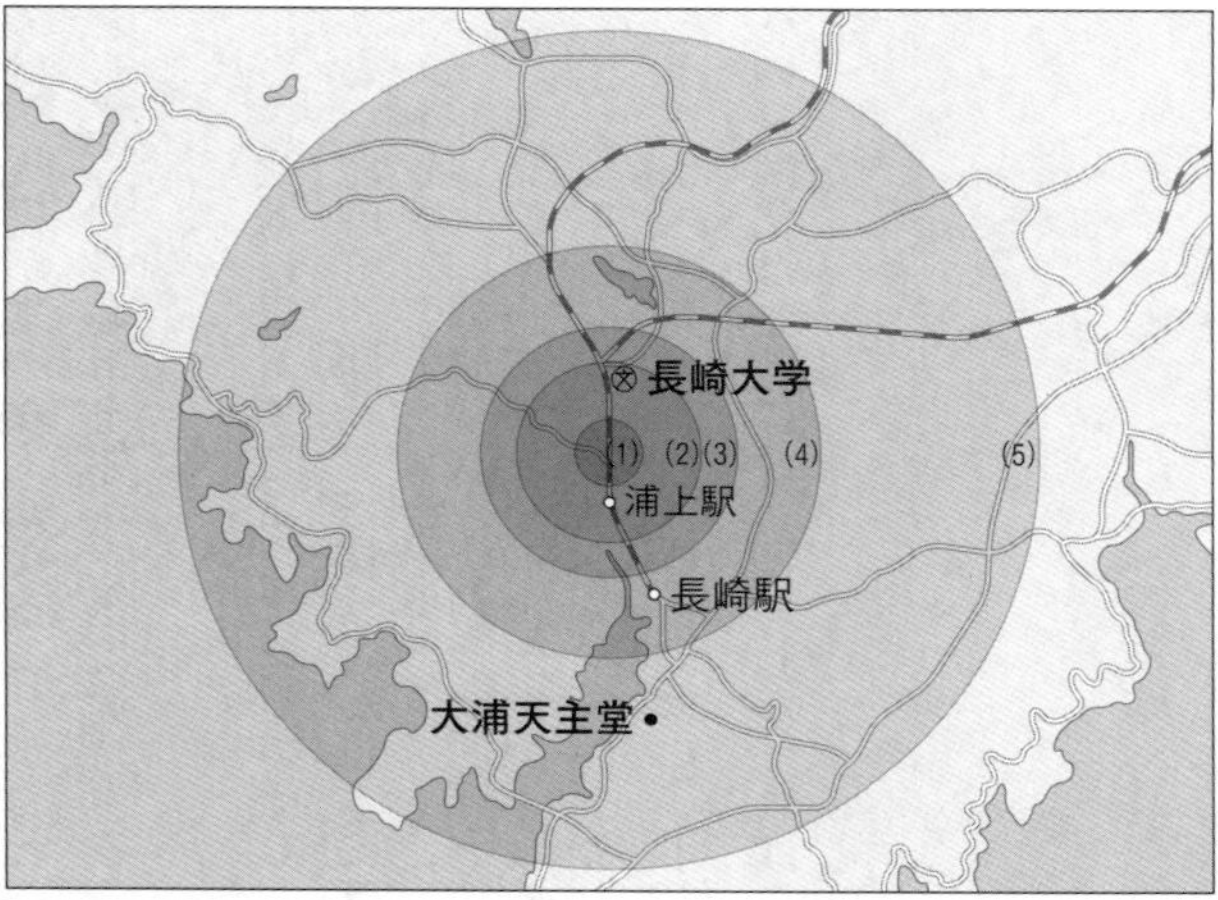

【図 5b】 長崎（原爆投下地）の NUKEMAP（250 キロトン）

それが今回の北朝鮮の核爆発被害【図5b】では、規模がまったく異なることがおわかりいただけるかと思います。同じ爆心地に落ちたとしても、長崎市全体が完全に消滅することになります。

この比較をみて考えさせられました。たしかに、核兵器に反対することは立派ですし、その意義を認めるにやぶさかではありません。しかし、北朝鮮が開発した核兵器が日本に落とされた場合、飛行場はおろか、中規模の都市が一つ消滅する規模なのです。

何よりも問題なのは、大都市に落とされた場合、多くの場合で甚大《じんだい》な被害が予想されるということです。とくに東京の場合、首都機能がほとんどストップするのは明らかでしょう。日本に核を打ち込む可能性があるのは、北朝鮮だけではありません、中国やロシアの可能性もあるのです。とするならば、首都機能の地方への分散化はすぐにでも推進しなければならない課題ではないでしょうか。

4章　トランプ政権の軋《きし》みと将来

1節　政治に〝プロレス〟を導入した大統領

華やかで、裕福で、最年長の大統領

トランプ大統領が自らの理想とし、ホワイトハウスの執務室に飾っているのは、第7代アンドリュー・ジャクソン大統領の肖像画です。白人男子の普通選挙制を実現し、当時の中央銀行であった第二合衆国銀行の解体を強行しました。また、「先住民は殲滅《せんめつ》しなければならない」とする無慈悲な先住民政策でも有名です。

こうして見ると、大統領就任直後の「TPP」（環太平洋経済パートナーシップ協定）からの離脱、「オバマケア」（公的年金制度）の見直し、メキシコ国境での「壁」建設に向けた大統領令、また、中東・アフリカのイスラム圏6カ国の国民に向けられた「入国禁止令」など、過激な政策という点では似通っているともいえそうです。

たしかに、トランプ大統領がジャクソン大統領の影響を受けているのは事実でしょう。しかし、なぜ挑発的な言動をやめないのか。その場にふさわしい話ができないのはなぜなのか。こうしたトランプ大統領の性格の謎を解くカギは、その経歴にあるはずです。ドナルド・トランプという人物が何に興奮し、何を理想とするのか。そして、なぜそうした理想を抱くに至ったのかを、彼の経歴から考えることにしましょう。

トランプが、長年不動産業に携《たずさ》わってきたことはよく知られています。彼は1946年6月14日に、ニューヨークのクイーンズ区で生まれました。彼は、ペンシルバニア大学のウォートン校を卒業し、祖母のエリザベスと父のフレッドが築いた不動産会社の跡を継ぎ、1971年から、2017年に辞任するまでトランプ・オーガニゼーションの議長並びに会長を務めました。大統領就任に当たって、会社の経営を息子たちに任せますが、それまでのビジネス上の経歴は、建設、オフィスビル、ホテル、カジノ、それにゴルフコースの改装が中心でした。

トランプは、それ以外にも副業のベンチャーを興《おこ》し、自分の名前をつけた様々な製品を世に送り出しました。また本も出版しています。その中には有名な『交渉の技法』(The Art of the Deal) も含まれています。そして、有名なリアリティー・ショー（台本のない番組）の「アプレンティス」をプロデュースし、自らホストを務めました。2017年の段階で、彼は世界で544番目の資産家であり、その総額は「ブルームバーグ」の見積もりでは30億ドルとなっています。

トランプは、長い間、政治への関心を示してきましたが、2016年の大統領予備選で16人もの共和党の候補者を打ち破ったのです。コメンテーターは、彼の政治的スタンスを、ポピュリスト、保護主義者、ナショナリストと形容してきました。彼のキャンペーンは在野のメディアによって広く取り上げられました。彼の多くの主張は、誤っている場合もあり、多くの場合物議を醸《かも》すものでした。

2016年11月8日にアメリカ大統領選で勝利を収めると、彼は大統領選において最年長、かつ、最も裕福な大統領となりました。また、軍務の経験も、政府で役職に就《つ》いた経験もありません。彼の当選と主張は多くの反発を生みました。

それ以外にも、3度の結婚や6度の破産などゴシップ記事も賑《にぎ》わせてきました。しかし、彼の知名度を上げたのは、なんといっても、リアリティー・ショーの「アプレンティス」でした。

「一般大衆が何を望んでいるか」を大衆文化から学ぶ

トランプ大統領の当選は、メディアでの成功抜きにはあり得ませんでした。とくに「アプレンティス」は、アメリカの一般市民にドナルド・トランプという人物像を刻み込むのに大きな役割を果たしたといえます。

「アプレンティス」という番組の副題は「究極の就職面接」というものです。16名から18名の応募者が仕事の技を競い、毎回1人が脱落します。応募者は2チームに分かれ、そのチームで誰かがプロジェクトのマネージャーを買って出ます。それぞれのチームは、会社から託された仕事、たとえば製品の販売、チャリティー資金の募集、広告会社の創設といった仕事に取り組みます。

勝負は、客観的な基準と、仕事ぶりを観察していたホスト（この場合はトランプ）とアドバイザーの意見を総合して決まります。負けたほうのチームは会議室でホストと対面し、なぜ負けたのかを説明します。そして、誰が敗北の責任を取るのかを決定します。番組の最後、最も貢献の度合いが低かった応募者にホストから「お前はクビだ」と言いわたされ、その応募者は番組から退場するのです。

この番組は好評で、２００７年には、テレビ番組「アプレンティス」への貢献により、ハリウッド・ウォーク・オブ・フェームに名前を冠した星が飾られることになりました。公私両立を誇ったこの番組のお陰で、ドナルド・トランプの知名度は全米で大変高かったのです。

彼が「アプレンティス」という番組で手にしたのは、知名度だけではありませんでした。それは、「一般大衆が何を望んでいるのか」を察知する独自の嗅覚と、言語化する技術でした。

トランプが、優れたコミュニケーション・スキルを身につける際にはモデルがありました。それが、プロレスなのです。トランプにとっての「プロレス」の重要性はどれほど主張してもしすぎることはありません。その際に鍵となる人物が、「WWE」（ワールド・レスリング・エンターテインメント）の社主であるヴィンス・マクマホンです。

トランプはWWEのファンであり、マクマホンの友人です。1988年から89年にかけて、トランプは、有料テレビ番組でプロレス番組のレッスルマニアⅣ、レッスルマニアⅤをボードウォークホールで主宰しているだけでなく、何度か番組の中にも登場しています。彼はレッスルマニアⅦに出演し、レッスルマニアXXではリングサイドでインタビューも受けています。

さらに、トランプはレッスルマニア23にも出演しています。この試合は「百万長者の戦い」と呼ばれました。トランプはボビー・ラシュレーのコーナーに入り、それに対して、社主のマクマホンはラシュレーの敵であるウマガのコーナーに入りました。レフリーには、やはりレスラーであるストーン・コールド・スティーブ・オースティンがつきました。その勝負は、ラシュレーが負ければトランプが頭を丸め、ウマガが敗れればマクマホンが頭を丸めるというものでした。試合の結果、ラシュレーが勝利し、トランプはリングでマクマホンの髪の毛をバリカンでそり落としたのです。

実は、この時にトランプがリングの上でマクマホンに試合を持ちかけるシーンの動画がWWEのホームページに残っています。リングの上で、マクマホンが「なぜお前がここにいるのか」と問うと、トランプが「簡単に言おう。私は君よりも背が高い。君よりも見かけが良い。私は思うのだが、私は君より強い。そして、私がここにいるのは君にチャレンジするためだ。レッスルマニアでね」と答えています。

このトランプの台詞《せりふ》は、大統領となった今の言葉と非常によく似ています。挑発的で、あたかも相手に喧嘩《けんか》を仕掛けているような言葉づかいは、ツイッター上での発言とそっくりです。

実際のところは、トランプとマクマホンは親友です。トランプ財団へもマクマホンは多額の献金を行なっていますし、マクマホンの妻のリンダは、トランプ政権で中小企業庁の長官を務めています。

興味深いのは、たとえ友人であっても、ステージの上であれば平気で罵倒《ばとう》する。そして、リングの上でバリカンで髪を剃《そ》られることもネタの一部として受け入れてしまえる感性です。これは、現在トランプ大統領が、共和党議員や、友邦国に対する一見無遠慮にも思える発言と通底しているのではないでしょうか。

トランプの視聴者に対するコミュニケーションの取り方、大げさに見せる発言、そして視聴者を沸《わ》かせる技術は、実際のところ、マクマホン譲りなのです。

1990年代後半、大衆の関心がよりハードな試合内容に移りつつあることを感じていたマクマホンは、プロレスのプロットをより大人向きのものに変更しました。このコンセプトは「WWFの態度（アティテュード）」と呼ばれるようになりました（2002年にWWEに改称する前はWWFだった）。

マクマホンは、長年WWFでチャンピオンを務めてきたブレット・ハートを、彼が勝利することが決まっていた試合で八百長《やおちょう》により敗北に追い込んだのです。マクマホン本人は、長年、経営に携わっていることを控えめにしてきました。番組にもコメンテーターとして出演することがほとんどでした。しかし、この一件以来、自らがWWFのリングに上がり、

「悪のミスター・マクマホン」として、会社の権威に挑戦するストーン・コールド・スティーブ・オースティンと戦うというプロットにします。本人がヒール役に回るだけではありません。他の家族も悪役としてリングに上ることになりました。家族同士で殴り合うのです。

その結果、WWFは再び活気を取り戻し、大衆文化の全面に躍《おど》り出ることになりました。そして、何百万という視聴者が、ケーブルテレビのマンデー・ナイト・ローを熱心に視聴することになりました。

自らヒールの役を買って出る。自分の屈辱もあえてネタにする。悪のオーナーを自称し、ブラック企業のオーナーをあえて演じて見せている。対戦相手だけでなく、視聴者を挑発するという手法はまさしく現在トランプ大統領が北朝鮮に対して用いている戦略であるといえるでしょう。

つまり、しばしば物議を醸《かも》すトランプ大統領のツイッターでの発言も、プロレス仕込みと考えれば納得がいきます。

マクマホンに話を戻せば、試合が終わった後は家族総出で観客に挨拶《あいさつ》するのが通例です。トランプも大統領選の演説では、最後に家族が総出で挨拶をしていました。しかも、共和党の有力者たちは、皆こぞって、副大統領候補のマイク・ペンスの演説会に出席していました。トランプは、実に孤独な選挙戦を戦っていたのです。

しかし、このことで逆に、「ああ、これならば信頼できる」と、トランプ支持に回った有権者も多かったと考えられます。金にものを言わせて、演説会に著名な歌手などを多数呼んでいたヒラリー・クリントンとは違い、トランプは正直者だと思われたに違いありません。

これが、大統領選でトランプ候補を勝利に導いた最大の要因であったと考えられます。

2節　閣僚たちとの微妙な間合い

プロレス的手法で悪役を演じる

トランプ大統領が、最も鋭敏に感じているのは、冷戦終了後のアメリカ政治において、市井のアメリカ人が何を考え、何を望んでいるかということです。

たとえば、アメリカに元から住んでいる我々の生計はますます厳しくなるのに、海外から新たにやってくる移民は優遇される。これは耐えられない。「NAFTA《ナフタ》」（北米自由貿易協定）締結以降、アメリカ国内の企業の多くが、メキシコに工場を新設し、経済が空洞化してしまった。メキシコからの不法移民がいつの間にか合法化されており、気がつけば、周りがヒスパニックだらけになっている。何とかしてほしい、といった具合です。

従来政治の局面でなかなか取り上げられなかった、これら普通の庶民の声を、初めて取り上げたのがドナルド・トランプという人物でした。「グローバリズムとポリティカル・コレクトネス（政治的中立な表現）で麻痺《まひ》してしまったアメリカ政治を立て直す」という壮大な野心をトランプ大統領は抱《いだ》いているのです。

しかし、そうした方向性を政策として実現していく際に、先に挙げたプロレス的手法を用いるので、メディアなどから多くの批判を浴びています。

では、トランプの敵とは何なのでしょうか。

それは、第一に行きすぎたグローバリズムであり、そのグローバリズムの受益者でしょう。この中には、グローバリズムを積極的に推進してきたアメリカ国内の政界、産業界、メディアも含まれます。対外的には、最大の敵がイスラム過激派とされるのは理解できるところです。それと同時に、メキシコからの不法移民の増加が問題になります。

経済の分野でグローバリズムの最大の受益者は、中国でした。ですから、トランプ政権は中国との対決を運命づけられているともいえます。

皮肉なことに、トランプ大統領の野心が壮大であればあるだけ、国内の反発もいっそう大きくなります。トランプ大統領は、戦線を次から次に拡大しています。それが、オバマケア撤廃、減税法案などの停滞につながっています。それに輪をかけるのが、共和党の一部がトランプ大統領に反旗を翻《ひるがえ》していることです。トランプ大統領は、あたかも、プロレスで「悪の経営者」ならぬ「悪の大統領」を演じているかのようです。

口先だけのこととはいえ、「悪の大統領」に対して「悪」を糾弾《きゅうだん》しても意味がありません。これが、アメリカのメディアがひたすらトランプ大統領を批判しながら攻め切れていない最大の理由です。

ただ、トランプ大統領に対するバッシングが常軌《じょうき》を逸《いっ》しているために、トランプ大統領の政治的資本は急速に減少しています。言い換えれば、政策の実現能力が低下しています。それが、支持率下落の最大の原因であると考えられます。

問題があるとすれば、こうしたプロレス的手法の影響が、トランプ政権の閣僚にも及んでいることです。

その政治手法により大きな負担がかかっているのが国務省、なかでもレックス・ティラーソン国務長官でしょう。就任早々のＴＰＰ脱退に始まり、２０２０年以降の地球温暖化対策をまとめた国際協定である「パリ議定書」からも脱退しました。また、イラン核問題やカタールとサウジアラビアなどとの国交断絶問題への対応を巡っても、ティラーソン国務長官と大統領は対立しています。

そして、北朝鮮問題を巡っては、北朝鮮との交渉を模索するティラーソン国務長官に対し、トランプ大統領がツイッターで「時間の無駄」と公然と批判しています。自分の上司から直接言われるのではなく、ツイッターという公共の空間で批判されるのですから、普通であれば神経が持たないでしょう。

ティラーソン国務長官は、就任前は石油メジャー最大手エクソンモービルの会長兼最高経営責任者を務めていました。米国を代表する大企業のトップにあった人が、上司からあからさまに攻撃されるのは、さぞかし大変なことだろうと思います。ですから、2017年7月の「NBCニュース」で、「今年の夏、ティラーソンは辞任する寸前だった」と報じられたことも、実に納得がいくのです。※注1

この時、ティラーソン国務長官がトランプ大統領を「バカ」(moron)と呼んでいたと報じられました。国務省のハモンド報道官は、NBCの取材に対して国務長官が大統領を「バカ」と呼んだこともなければ、今年の夏に辞任を検討したこともないと述べています。しかし、ティラーソン本人は「バカ」と発言したことに関しては明確に否定していません。

ティラーソン国務長官の辞任意向を翻意《ほんい》させたのは、マイク・ペンス副大統領であり、当時国土安全保障省長官で、現首席補佐官のジョン・ケリー、それにジェームズ・マティス国防長官です。とくにペンス副大統領は、「今年（2017年）の終わりまではやめないでほしい」と依頼したといわれています。※注2

政権内「バンド・オブ・ブラザーズ」（兵士の絆）の要《かなめ》

軍隊のような上司の命令が絶対というような企業で、無責任な上司からいじめを受けている同僚を見たとき、どうすればよいのでしょうか。上司の命令は絶対ですから、自分の職務には忠実に務めなければなりません。しかし、かわいそうな同僚を放置することもできない。これが「ティラーソン辞任」を巡るドラマの本質でした。マティス国防長官にせよ、ジョン・ケリー大統領首席補佐官にせよ、マクマスター安全保障担当補佐官にせよ、みな海兵隊出身というのは注目すべき点です。彼らがティラーソンを支えているのです。

ティラーソン国務長官は、前述のNBCの報道が出た直後に、自分自身とトランプ大統領の間の緊張関係に関してわざわざ記者会見を開きました。ラスベガスの銃乱射事件のお見舞急遽《きゅうきょ》、いのためにトランプ大統領に同行する予定であったジョン・ケリー首席補佐官は、マティス国防長官、ティラーソン国務長官と事後策を協議するためにホワイトハウスに留まっています。そこで改めて、ティラーソンを励ましたのだと考えられます。

マティス国防長官と言えば、トランプ大統領が不和の原因になる発言をした場合にはマティス国防長官や他の安全保障の指導者たちは辞任するべきだという批判に対して、国家に対する奉仕を指摘し、２０１７年９月末、記者に次のように語っています。

「ご存知だろうが、米国の大統領が何かをするように指示を出した場合、私は従う。これは古びた考えなどでは決してない。古びたとはまったく考えていない」

また、次のようにも語っています。

「この政権の波乱に満ちた最初の年度が平常に復帰したとみえるまで、一線を維持する」

そして、ティラーソンとの関係でいえば、政権内のある官僚がＣＮＮに対して、マティスは前エクソンＣＥＯを指導（mentor）し、彼に「才能はあるが、政治的技量に欠けた同僚として敬意を払っている」と述べています。※注3

あくまで上司の命令は絶対というスタンスは崩さず、苦しんでいる同僚には陰で黙って手を差しのべるのがマティス流なのでしょう。国のために奉仕するだけでなく、苦しんでいる同僚も見捨てないというのは、海兵隊で築き上げた「兵士の絆《きずな》」です。テレビドラマ「バンド・オブ・ブラザーズ」が描いたような戦友愛が政権閣僚の間にもあって、それがホワイトハウスの秩序を維持しているのです。

ティラーソン国務長官も、こうしたトランプ大統領との間合いを理解し始めているようです。ボブ・コーカー上院議員が、トランプ大統領によるティラーソン国務長官の行動への批判を「（国務長官が）公の場で去勢されている」と表現して非難すると、ティラーソン国務長官は「確認しましたが、（金玉は）無事でした」とユーモラスに答えています。※注4

一方で、ジェームズ・マティス国防長官は、近年の歴史でも最も強力な国防長官の一人といえるでしょう。とにかく、トランプ大統領との接点が非常に多いのです。

アメリカの政治情報サイトは、トランプ大統領が、２０１７年６月にマティス国防長官にアフガニスタンへの増派の権限を与えた件について、次のように報じました。

小野寺防衛大臣（右）と北朝鮮対策について会談した時の
マティス国防長官（共同）

前任者であるオバマ大統領は、しばしばイラクやアフガニスタンの最前線の指揮官に直接介入しました。それに対して、トランプ大統領はマティス長官とごく一握りの閣僚としか話をしません。

ホワイトハウスの報道官によると、トランプ大統領とマティス国防長官の関係は「実に緊密でよい関係」(very, very close and good relationship)であるとのことです。この2人はほとんど毎週、しばしば週に1度以上ワーキングディナーをとっているほどです。このディナーには、ジョセフ・ダンフォード統合参謀本部議長、ティラーソン国務長官、ジョン・ケリー国土安全保障長官(2017年7月より首席補佐官)が時おり参加します。ちなみにケリー長官も海兵隊将軍です。

しかし、やはり、トランプ大統領との関係では、マティス長官が最も緊密で、どの閣僚よりも密に、定期的に会談を行なっています。

マティス長官は、共和党民主党の双方から強い支持を受けています。彼は上院で98-1のスコアで承認されました。反対した1名はニューヨーク選出のカーステン・ギリブランドですが、彼女の前任の上院議員はヒラリーでした。坊主憎けりゃ袈裟《けさ》まで憎いの「袈裟」がマティス長官だったのでしょう。

マティスの影響力が強いことは、最初の閣僚会議の際にも確認されています。他の閣僚が閣議の際に、トランプ大統領を褒《ほ》め称え、役職に就けたことを感謝する言葉で始めていたのに対し、マティス長官は、「国防総省の偉大な男性や女性を代表することを誇りに思う。力の観点から外交官が常に交渉できるように軍事力を強化するという目的のために我々のスタッフが払っている犠牲に感謝する」と語っていたのです。この発言だけからでも、発言権の強さが窺《うかが》えるのではないでしょうか。

まさに政権の大黒柱といえるマティス国防長官は、次のようにも語っています。

「何度も大統領とは話し合っている。我々は大統領と実にさまざまなことを議論した。そして大統領もそれらの問題に鋭い関心を寄せている。これは技術的な細部という意味ではないが。しかし、戦略を正しく理解し、伝えられた戦術の詳細を十分に知っている」※注5

つまり、トランプ大統領がツイッターでどれほど過激な発言をしようと、ペンタゴンの戦略を十分に理解した上でのことなのです。一見過激に見えるトランプ大統領のツイートも、実はペンタゴンが細心に練り上げた戦略の上にあると見てよいでしょう。

何よりも、プロレスには粗筋《あらすじ》がつきものであることを忘れてはなりません。北朝鮮問題にしても、トランプ大統領なりの（おそらくは平和裏に終わる）解決策はすでに頭の中にあるはずです。ですから、トランプ大統領がどれほど過激な発言を発しようが、そのこと自体が米軍の北朝鮮先制攻撃には必ずしもつながらないことは、押さえておく必要があります。

3節　策士スティーブン・バノン

大逆転劇をプロデュースした男

アメリカのメディアの報道は、トランプ大統領の個人的資質の低さや選挙戦におけるロシアとの関わりなどに終始しています。しかし、メディアでの報道がトランプ政権を追い詰めているようには見えません。むしろ、現在、トランプ政権が行き詰まっていると見た場合、資質の問題を抜きにすれば、アメリカという国家のあり方が曲がり角にさしかかっているためであるとしか言えません。

従来のワシントンのエスタブリッシュメントや、グローバリズムを志向し自国の経済を等閑視《とうかんし》してきた大企業への反発が、トランプ大統領を生み出しましたが、これは並大抵の誕生劇ではありませんでした。

ほんの数年前までは、日本でもバラク・オバマの次の大統領は民主党のヒラリー・クリントンか、共和党のジェブ・ブッシュかと言われていたものです。トランプが大統領選で勝利を収めるためには、ヒラリーとブッシュという大統領候補の本命と考えられていた2人の人物を、まるで2頭の巨大な白鯨を屈服させるように、打ち破る必要がありました。そして、この2人を完膚《かんぷ》なきまでに打破したのが、ここで取り上げるスティーブン・バノンという人物です。

トランプ大統領就任後、バノンは主席戦略官という肩書きでホワイトハウス入りしますが、2017年8月18日にその職を辞しています。普通であれば、バノンの影響力も尽きるはずなのですが、実際には、トランプ大統領の別働隊として動き始めたと言ったほうが実態に近いでしょう。ホワイトハウスを離れたバノンの活動が、今後のアメリカの方向を占う上でも極めて重要になると予想されます。

2015年10月8日付けの「ブルームバーグ・ビジネスウイーク」に、「アメリカの政治工作で最も危険な人物」という論評が掲載されました。※注6　ここでは、その論評を元にスティーブン・バノンという人物を紹介することにしましょう。

バノンの人生は、フィッツジェラルドの小説『グレート・ギャツビー』のようなやり直しの連続でした。そのやり直しの中で彼は富を手にし、2016年の大統領選のキーマンとなります。彼は、海軍、投資銀行、ハリウッドを経て、ついに政治の興行主になりました。

バノンは自らの経歴に関して次のように述べています。

「私はブルーカラー、アイルランド系カトリック、ケネディ支持、組合支持の民主党員の家に育った」

「私は軍に入るまでは政治的ではなかった。そして、ジミー・カーターがすべてをぶちこわしにするのを見たんだ。私はレーガンの信奉者になった。今でもそうだ。しかし、私が体制に反感を持つようになったきっかけは、2008年にアジアでの会社経営から引き上げて帰国した時だ。ブッシュはカーターに劣らず酷《ひど》かった。国全体が不幸に覆われていたんだ」

トランプ大統領（左）とその盟友バノン（ロイター＝共同）

つまり、積年の政治に対する失望から、政治の世界に参入したのがバノンでした。カーター政権を筆頭とする民主党政権、それにブッシュ政権にもバノンは不満を募らせていました。とくに、トランプ時代のアメリカ政治の頑迷《がんめい》さを批判するブッシュ（この弟が大統領選共和党候補争いでトランプに敗れたジェブ・ブッシュ）に対しては、「ホワイトハウス史上で最も破壊的な大統領」「ブッシュは自分が進んでいるのか、後退しているのかもわからない。大統領だったときのように」と辛辣《しんらつ》な言葉でこき下ろしています。※注7

こうした既存の政治システムへの不満がバノンを突き動かしているといってよいでしょう。

2つの武器――ブライトバートとGAI

バノンの戦略は大きく分けて二つに分かれます。

一つは「ブライトバート」（Breitbart.com）のようなオンライン・ニュースサイトを用いて政治に影響を与える方法を考案したことでした。ブライトバートは、2015年のジョン・ベイナー下院議長放逐《ほうちく》に役立ちました。ベイナーがオバマ大統領とすぐに妥協し、重要法案を民主党の支持で可決に持ち込むことが共和党右派の議員から問題視されていたのです。

オバマの選挙の際に、「ティーパーティ」（反オバマの市民団体）を支援したのも、共和党指導者を悪者に仕立て上げて、2013年の政府の予算執行措置の停止をもぎ取ったのも、このニュースサイトでした。

返す刀で、民主党も地獄に叩き込んでいます。2011年に、ニューヨーク選出のアンソニー・ワイナー下院議員が辞職に追い込まれています。ワイナー下院議員が女性支持者へ猥《わい》褻《せつ》メールを送る性癖があるという情報を得たバノンは、ツイッターを24時間体制で追跡し、最終的にその証拠を確保しました。その後のスキャンダルはメディアでも報道されたとおりです。

ブライトバートは、バノンにとっての政治上の武器といえます。ホワイトハウスを辞任して以降、また社主に返り咲いていますが、その点は現在も変わらないでしょう。

ただ、ブライバートは、右派のプロパガンダ・マシンという性質もあります。あからさまなプロパガンダでは、世論を動かすことはできません。その弱点を補強したのが、「政治責任研究所」（GAI：Government Accountability Institute）でした。

その「GAI」ですが、このNGOは、主要な政治家に関する厳密な、事実に基づいた批判を行なった点に特徴があります。そして、メインストリームのメディアをパートナーとし、そこで得た調査内容をメディアを通じて幅広く拡散することに成功しました。日本ではあまり知られなかったこの団体による地道な調査が2016年の大統領選の帰趨《きすう》を制していたのです。

バノンは、問題が微妙である場合のほうが、政治はより効果的に動くことを理解していました。そのために創設したのがGAIです。2012年にバノンが出資者の取りまとめ役となり、弁護士、データサイエンティスト、犯罪調査専門家をスタッフとする調査機関としてGAIが生まれました。「レポーターを動かすのは、噂ではなく、事実だということに、ピーター（シュバイツァー：GAIの所長）と私は気が付いたのさ」とバノンも述べています。

「縁故資本主義」（crony capitalism）と政府の不正を調査するためにフロリダ州のタラハシーに創設されたGAIは、「ニューズウィーク」「ABCニュース」、CBSの「60ミニッツ」といったメインストリームのメディアと協力し、下院議会におけるインサイダー取引、大統領選を巡るクレジットカードの不正（クリントン候補は、少額の寄付を元に得たクレジットカードのデータを利用して、寄付者の口座から2度3度と資金を引き出していた）を世間に暴露しました。

まさに政治的スクープを発掘する作戦で、それがクリントンとブッシュの暴露本につながりました。

GAIの所長シュバイツァー（GAIのホームページより）

コミック版も出た『クリントン・キャッシュ』

このシステムの最大の産物が、GAIの所長であるピーター・シュバイツァーが調査結果をまとめた『クリントン・キャッシュ――外国政府と企業がなぜ、どのようにしてビルとヒラリーを金持ちにしたのか』（日本語版の書名は『クリントン・キャッシュ――外国政府と企業がクリントン夫妻を「大金持ち」にした手法と理由』）という書籍でした。2015年5月にハーパーコリンズから出版されたこの本は、瞬《また》く間にベストセラーとなると、その後、数週間にわたって米国の政治シーンに影響を与え続けます。おそらくは、共和党の論客のどのような主張よりも、ヒラリー・クリントンに関する世間の認識を形作ったといってよいでしょう。

『クリントン・キャッシュ』が予想外のベストセラーになった背景には、メインストリームのレポーターがこぞって取り上げたことがありました。さらに、著者であるシュヴァイツァーが、大口の資金提供者と外国政府から資金を受け取っているというクリントン候補の「利益相反《そうはん》」の例を次から次へと繰り出したために、いっそうその傾向は強まったのです。

たとえば、ハーバード・ロースクールのローレンス・レッシグ教授は、「『本当にグロテスクな』人物が民主党の大統領選候補になっている」「公平に読めば、シュバイツァーが告発した（クリントンの）行動様式は腐敗である」と述べたほどです。

また、『クリントン・キャッシュ』が出版される直前に、「ニューヨーク・タイムズ」も一面で、「カナダの鉱山業大手の大物であるフランク・ギアストラが、数千万ドルをクリントン財団に寄付し、それからビル・クリントンがプライベートジェットでカザフスタンに飛び、カザフスタンの独裁者であるナザルバエフ大統領に面会した」と報じています。ギアストラはその後、カザフスタンにおけるウラン採掘の権利を手に入れています。

２０１５年の夏を過ぎる頃になれば、ヒラリー・クリントンは誰もが認める圧倒的な候補者とはいえなくなっていました。クリントン財団の活動が疑問視されるようになっただけでなく、個人の電子メールのサーバーを国務省長官の通信に利用しており、その通信のログを彼女が破棄してしまっていたためです。

しばらくすると、スキャンダルはさらに膨《ふく》れあがりました。8月に調査された電子メールによって、ビル・クリントンが財団を通じて、国務省から、北朝鮮やコンゴのような抑圧的な体制の政府から講演料を受領する許可を得ていたことが明らかになったからです。その発表と同じ日に行なわれた世論調査では、大部分の有権者が、ビル・クリントンの妻は「嘘つき」だと判断していました。10月22日に、ヒラリー・クリントンは「ベンガジ問題」に関する議会委員会で証言を行ないました。それでも、彼女のトラブルは収まらなかったのです。

ちなみに、ベンガジ問題とは、リビア東部のベンガジに置かれたアメリカ大使館がイスラム過激派に襲われ、大使ら4人が殺害されますが、その後、当時国務長官だったヒラリー・クリントンが、再三の警備強化要請を却下していたことが発覚した問題です。

このように事実を暴き、次々と突きつけることで、GAIはヒラリー・クリントンを打ち破りました。

共和党内のライバルだったジェブ・ブッシュも、GAIによって同じ洗礼を受けました。2015年10月19日に、ジェブがフロリダ州の州知事を2007年に退任後、どのようにして資金を確保したのかを調査した、シュバイツァーの電子書籍『政府と企業はどのようにしてジェブの金儲けを助けたのか』が刊行され、ブッシュのフロリダでの土地取引、名目だけの企業役員、そして2008年に破産したリーマンブラザーズからの数百万ドルの給与、これらが白日《はくじつ》の下にさらされます。ただ、バノンは次のように述べています。

「(ジェブ・ブッシュは) クリントンほど絵にはならない。クリントンの場合は、軍閥やロシアのギャングといった悪人が総出で登場するからね。ブッシュはもっと地味だね。薄汚れた、ガス欠の縁故資本主義だ」

実際、共和党、民主党の筆頭候補を同時に攻撃するというのは奇妙に思えます。これに対して、バノンは、ワシントンに対するアメリカ国民の嫌悪によって肩を押されたと述べています。トランプ旋風、サンダース旋風の根底に流れていたのは、ワシントンへの嫌悪という暗流でした。アメリカの政治の中心であるワシントンは、縁故や情実でがんじがらめになっています。だからこそ、バノンのようなアウトサイダーが、米国の政治に一石を投じることができたともいえます。

スティーブン・バノンは、これまで忘れ去られてきた一般のアメリカ国民を組織化することに成功したのです。

4節　バノンの新たな戦い

中国の浸透が進むアメリカ政界

バノンがホワイトハウスに在職中に苛立っていたことがあるとすれば、トランプ政権の中国対抗策がなかなか実現しないことでした。

ホワイトハウスでは、バノンや国家通商会議議長のピーター・ナヴァロ、商務長官のウィルバー・ロスが、より積極的な対策を要求していました。夏の間に、米国通商代表のロバート・ライトハイザーは、1974年の通商法第301条に基づき中国の知的所有権の剽窃《ひょうせつ》に関する調査を開始することを発表しました。しかし、この動きはナショナリストが好む関税化にはつながりませんでした。

トランプ大統領は、経済的・軍事的・政治的理由から中国への制裁を引き下げました。ホワイトハウスの高官、たとえば、スティーブ・ムニューシン財務長官や、経済担当補佐官のゲイリー・コーンは、ゴールドマン・サックスグループの出身ですが、関税、もしくは同様の措置が貿易戦争を引き起こすと恐れています。

ロス商務長官は、「トランプ政権は、税制改革に焦点を絞るために、外国の鉄鋼製品への関税措置の決定を延期してきた」と述べています。

トランプの最も差し迫った外交上の懸念は、北朝鮮の封じこめであり、中国側の協力が欠かせなくなっています。つまり、政権内部や議会にも親中国勢力は跋扈《ばっこ》しており、身動きが取れない状況なのです。

そもそも日本では、米国政界への中国の浸透がどの程度進んでいるのかはあまり知られていません。「中国化」の一例として、イレーヌ・チャオ運輸長官を取り上げてみましょう。

イレーヌ・チャオは、1953年、台湾の台北市《タイペイ》で生まれました。父親の趙錫成（ジェームス・チャオ）は江蘇省《こうそ》嘉定《かてい》（現在の上海《シャンハイ》市嘉定区）を祖籍とする外省人《がいしょうじん》で、商船船長を務めていました。若い頃は上海交通大学に学び、江沢民《こうたくみん》と同級生でした。この江沢民との同級という経歴が後に生かされることになります。

ジェームス・チャオは、ニューヨークに本社を置くフォアモースト・マリタイム社の創設者であり、中国に物品を出荷し、中国の造船所から船舶も購入しています。※注8

その娘のイレーヌは、1979年にハーバード大学経営大学院でMBAを取得した後、金融機関を転々としています。彼女は、1984年から86年にはサンフランシスコのバンク・オブ・アメリカで副社長を務めました。この頃から共和党の資金集めに協力するようになったと言われています。

この結果を受けて、1986年の第二期レーガン政権に加わり、同年には運輸省海事管理局次長、1988年には連邦海事委員会議長に選出されています。さらに、1989年にはブッシュ（父）政権の運輸副長官に任命されました。

1993年にはケンタッキー州選出の共和党上院議員ミッチ・マコーネルと結婚します。

当然のことながら、夫婦共に政治的スタンスは親中であり、米中貿易を推進する立場にあります。

その親密な関係の例として、1994年には、チャオ父娘がマコーネルと共に中国本土を訪れ、江沢民と面会しています。チャオ父娘は翌年も中国を訪れ、中国海事大学から名誉学位を授与されています。1997年に江沢民が訪米した際、ホワイトハウスでクリントン大統領が主催する晩餐《ばんさん》会の直前に、チャオ父娘とマコーネルが江沢民と会談を行なっており、翌日には夫マコーネルが再び江沢民と会っています。※注9

当然のことですが、イレーヌ・チャオは、中国との貿易促進のためのロビー活動に携わっており、中国の軍事的脅威の増大、米国内でのスパイ活動、人権侵害などに対する懸念を軽視する傾向があります。さらに、チャオとマコーネルの夫妻は、中国農村部の開発を支援するための非営利団体である中国財団の理事を務めているのです。

実際、マコーネルは上院でも最有力の親中派です。彼は、1989年には複数の共和党上院議員を当選させるために、リッポー銀行の頭取ジョン・ファン（黄建南）から資金提供を受けていました。当然、マコーネル本人もファンから2000ドルの不正献金を受け取っています。※注10

イレーヌ・チャオ（右）とミッチ・マコーネル夫妻（ロイター＝共同）

ちなみに、リッポー銀行はリッポーグループの系列銀行ですが、これは、鄧小平《とうしょうへい》の系列につながる中国の企業グループです。民主党クリントン夫妻の「チャイナゲート」は有名ですが、共和党の内部にも中国のネットワークは完成していたというわけです。

また、イレーヌ・チャオは、ヘリテージ財団のアジア研究顧問の職にあったとき、アメリカの安全保障にとっての中国の脅威を唱えたリチャード・フィッシャー・ジュニア研究員を財団から追い出しています。

チャオのパトロンの一人は、モーリス・ハンク・グリーンバーグでした。グリーンバーグは2005年までAIG（アメリカン・インターナショナル・グループ）の会長を務めていました。AIGは、中国でも保険業務を行なっています。

グリーンバーグは、ヘリテージ財団が中国との貿易正常化に関する研究を行なうことを拒絶しました。その研究では、「中国との貿易協定を結ぶ際には、安全保障にも配慮した措置が組み入れられるべき」とされていたためです。ヘリテージ財団は、研究の報告書を「中国との交易はどのようにしてアメリカを利するのか」という別の研究で差し替えたほどでした。これはグリーンバーグがヘリテージ財団への献金をストップすると脅《おど》したためでした。

グリーンバーグとAIGは、1998年にマコーネル上院議員に18万ドル献金しており、それ以降10年間にわたって、少なくとも年間10万ドル規模の献金を続けていました。

そして、その背後にはヘンリー・キッシンジャーが控えていました。キッシンジャーにとってＡＩＧはよい資金源だったのです。※注11

結局のところ、ＣＩＡ中国支局長を務めたブッシュ・シニアの時代から、共和党の中に親中的姿勢はしっかりと根を張っていたのです。

興味深いことに、そして、にわかには信じられないことですが、ＴＰＰを積極的に推進していたのは、マコーネル上院議員でした。とするならば、ＴＰＰへの中国加盟が、実は当初には予定されていたというべきでしょう。

このように、マコーネル上院議員は、中国の利権としっかりと結びついたワシントンやウォール街のエスタブリッシュメントの一員だったといえます。なにより、マコーネル上院議員は、２００７年より共和党上院院内総務でもあります。院内総務は、日本でいえば党幹事長のような役回りです。トランプ政権といえども、中国の影響力から逃れることは容易ではないということでしょう。

キッシンジャーなど歴戦の戦略家たちとの対話

バノンに話を戻しましょう。ホワイトハウスでの対中政策に進歩が見られないことに、バノンは苛立《いらだ》ちを感じていました。彼は、中国に対し、もっと積極的に対抗する点で、アメリカ人に注意を喚起し、政治的に圧力をかける政府外の組織が必要だと確信するようになりました。

その決心を固めるきっかけになったのは、コネチカット州にあるキッシンジャーの自宅で彼と会談の機会を持ったことでした。

バノンによれば、ニクソン政権で国務長官を務めたキッシンジャーは、1970年代初頭の時期を例に挙げました。当時、アメリカの指導者たちは、ベトナム戦争を終了させることに腐心していました。その一方で、政権外部の外交問題のタカ派は、冷戦でソビエトに敗北しつつあることを懸念していました。こうした懸念から、冷戦期のロビー組織「現在の危機に関する委員会」(the Committee on the Present Danger)が1976年に再建されます。

この委員会は、元来は、ポール・ニッツェとディーン・アチソンの外交方針を推進するために1950年に創設されたもので、再建の目的は、ソビエトの脅威に対抗するアメリカの決意を強化し、デタント(緊張緩和)と「SALT Ⅱ」(第二次戦略兵器制限交渉)に反対するロビー活動を行なうことにありました。バノンは、次のように語っています。

「彼らは、内部からはそれを行なうことができないことをよく理解していた」

「いったん政権から出なければならない。そして、闇夜《やみよ》の火球《かきゅう》のように、アメリカ人の目を覚まさせなければならないんだ」

ホワイトハウスを去って以来、バノンは、42年間にわたって国防総省のネット・アセスメント局の局長を務めていたアンドリュー・マーシャルとも会合を持っています。アンドリュー・マーシャルと言えば、ニクソン政権からオバマ政権に至るまで、党派を超えて歴代政権に仕《つか》え、いち早く冷戦の崩壊を予測していた「伝説の戦略家」です。彼もまた、現職中に、アメリカと中国との対立を予想していました。

キッシンジャーが、物騒なイデオローグであるバノンのような人物に助言を与えようとするからには、並々ならぬ決心があるように見えます。94歳のこの老人は、1971年に米中国交回復のために初めて中国の地を踏んで以来、80回以上中国を訪れています。彼は国際コンサルタント会社を立ち上げ、中国にとって長年にわたり、歴代アメリカ大統領とのお気に入りの橋渡しであり続けました。※注12　いわばキッシンジャーが、アメリカにおける「親中派の総元締め」の役割を果たしていたのです。

しかし、ここに至って、「反中国」のバノンにアドバイスを与えているということは、キッシンジャーですら、中国に対抗する必要を認め始めたということなのでしょう。アメリカの対中政策が奥深いところで大きく変わりつつあるといえます。

「中国への朝貢《ちょうこう》」を回避する

9月の中頃、バノンがホワイトハウスを去って以来、初めて外遊に向かった先は、香港《ホンコン》でした。そこで彼は、中国の投資銀行が所有する取引所開催の投資家向けの会議の場で、アメリカの経済ナショナリズムとアジアの未来を語っています。

「私は香港を選んだ。なぜなら経済ナショナリズム運動が中国に生まれているためだ」

バノンの観点では、中国は、アメリカの技術を中国企業へ強制移転するという不公正な貿易慣行によって、アメリカを害しているというのです。多くの専門家も合意するように、バノンはその悲惨な結末を直視し、次のように述べています。

「中国の外交史には４０００年の歴史がある。最近の１５０年を除けば、すべては『野蛮人の管理』に焦点が当てられていた」

つまり、貿易相手に対する中国の歴史的な姿勢は、「利用の末に、潜在的に相手に破滅をもたらす」ことだというのが、バノンの主張です。さらに、バノンは続けます。※注13

「『野蛮人の管理』とは、常に、野蛮人を朝貢国《ちょうこう》(tributary state)にすることだった」

「我々の朝貢は我々の技術だ。それこそが、マーケットの参入に必要なものだ。中国はそこから過去10年間で３・５兆ドルもの利益を上げた。我々はアメリカ資本主義の基本的な本質、すなわち我々のイノベーションを引き渡さなければならないのだ」

中国への「朝貢」をいかに回避するのか、これこそがバノンの発想の根底にあるのです。

現在、バノンは、アメリカにとって主要な経済的脅威、すなわち中国に関して警鐘を鳴ら

す計画を準備中です。バノンは、ホワイトハウスを出て後、古巣のブライトバート社に戻り、次のように語っています。※注14

「我々が中国に関連する自らの状況を整理しておかねば、我々は経済的に崩壊してしまうだろう」

「技術面でのアメリカのイノベーションを強制的に中国に移転するということが、現代の最大の経済ビジネス上の問題だ。我々が対処するまで、中国は我々のイノベーションを着服し、自らのシステムに組み込むことをやめないであろう。そして、我々（アメリカ）を、英国にとってのジェームズタウンのように、植民地、属国にしてしまうのだ」

そのために、共和党のエスタブリッシュメントに対して「公然と反乱」を起こすべきだと、バノンは主張しています。彼は「永続的な政治階級」が、国家が直面している最大の危険の一つだと述べているのです。※注15

実際、バノンは、2018年11月の中間選挙に再選されるどの上院議員も攻撃の対象にすると公言しています。唯一の例外はテッド・クルーズですが、それは、彼が共和党のエスタ

ブリッシュメントではないためだというのです。※注16
バノンの共和党への攻撃はすでに始まっています。アラバマ州の共和党上院議員予備選で、議会指導者とトランプ大統領本人が支援するルーサー・ストレンジに対抗して、ロイ・ムーアを支援しました。その結果、9月26日の予備選ではムーア候補が勝利を収めました。この一件は、スティーブン・バノンという人物の影響力がいまだに健在であることを示すものでした。
そして、予備選で対抗馬を勝利に導いたバノン自身が「政治的な勢力」であることも、自らの言葉で明らかにしたのです。※注17

「ポピュリスト・ナショナリストの運動は、アラバマにおいて、正しい見識と草の根組織の支持を持つ候補者が勝利を収めることができることを証明した」
「次の我々の目標は、共和党を乗っ取る（take over）候補者をリクルートすることだ」

2018年度の中間選挙で、共和党上院議員の間でバノンが狙っているような世代交代が起きれば、今後アメリカは中国との対決色をいっそう深めていくと考えられます。冷戦終結後、日本を悩ませてきた米中蜜月の時代は終わろうとしています。本章の最後に、そのことを米中の隠された同盟関係という点から補足しておくことにしましょう。

5節　米中秘密同盟の始まりと終わり

中国の台頭を覆い隠す「イチジクの葉」

トランプ政権の成立が、アメリカ国内の「反グローバリズム」感情に根ざしたものであったことは、先ほど述べた通りです。

そもそも、グローバリズムとは何を意味していたのでしょうか。グローバリズムが幅広く喧伝《けんでん》されるようになったのは、冷戦終了後のことです。実際、NAFTA（北米自由貿易協定）が締結されたのは、1992年のことです。同年、欧州連合条約が締結され、1998年には欧州中央銀行が創設され、1999年には共通通貨であるユーロが導入されました。

こうしてみれば、グローバリズムとは、ヨーロッパ・アメリカを巡る運動であったように見えるかもしれません。

しかし、その本質は別の部分にありました。現状の政治体制の相違には目をつぶり、各国が自由貿易を推進することで経済的利益を確保しようとする指向性こそが、グローバリズムなのです。そして、グローバリズムの最大の受益者は中国でした。１９８９年に天安門《てんあんもん》事件のような自国民への大弾圧事件を起こしておきながら、国際社会に復帰できたのは、グローバリズムというイデオロギーが「隠れ蓑《みの》」になったためです。そして、グローバリズムを口実に中国の台頭を許してきたのが、アメリカの政財界でした。

そもそも米中接近は、ニクソン政権時代にまでさかのぼることができます。ソビエト・ロシアを打倒するために、アメリカは中国と手を組みました。それが１９７２年の話です。それ以降、中国はアメリカに台湾の切り捨てを求め、アメリカがそれに応じます。米中間の関係は、対ソ秘密同盟と呼んでもよいほどでした。中国の関与がなければ、ソビエト・ロシアに対する通信傍受網の設置、ソ連のアフガニスタン侵攻への中国サイドからの支援もあり得ませんでした。

この同盟関係は、コソボ紛争の中で起きた１９９９年の「ベオグラード中国大使館誤爆事件」などを挟みはしましたが、基本的には維持されてきました。この同盟関係から日米関係を見ると、アメリカの対日政策もきれいに整理することができます。

米中両国が正式の国交を結んだのは、1979年のカーター政権においてでした。そして、米中関係が徐々に改善に向かうのは、レーガン政権からでした。この時期から、アメリカは日本の市場の特殊性を閉鎖的と見なし、極端な円安を問題視するようになりました。

その一つの大きなメルクマールとなるのが、1985年の「前川《まえかわ》レポート」でした。このレポートでは、「日本の大幅な経常収支の不均衡の継続は、日本の経済運営及び世界経済の調和ある発展という観点からも危機的状況である」とされ、そして、「経常収支の不均衡の解決と国民生活の質の向上が経済政策上の目標になった」のです。

その解決策は、「内需拡大や市場開放及び金融自由化」であるとされたことが、その後の日本経済が混迷する原因となりました。日本がアメリカの言うままに財政出動を行ない、それが巨額の財政赤字として残ったためです。

1990年代の冷戦構造の崩壊以降、ソ連という安全保障上の懸念がいったん消滅したことにより、クリントン政権の下での日本叩きが激化します。極端な円高政策は、日本企業の海外進出を促進し、国内経済の空洞化を招きました。不良債権問題の深刻化は、金融界に大きな衝撃を与えました。北海道拓殖《たくしよく》銀行や日本長期信用銀行などが倒産し、他の都市銀行も合併を余儀なくされました。

とどめは、小泉純一郎《こいずみじゅんいちろう》政権以降の「新自由主義」の導入でした。これにより、１９８０年代には健全であった日本経済は、成長の原動力を大きく失うことになったのです。非正規雇用の増大は、人口増加率を押し下げ、不況をより長期化させることになりました。

その背後で、アメリカは中国に投資を積極化させ、中国は毎年８パーセント程度の経済成長を遂《と》げることになりました。我が国の「失われた20年」は、「隠れた米中同盟」の効果に他なりません。しばしば問題にされる巨額な対中ＯＤＡにしても、アメリカから要求された側面があったのではないでしょうか。さらには、アメリカが「教科書問題」や「靖国《やすくに》参拝問題」で日本に介入したのも、アメリカの中国への〝忖度《そんたく》〟がなければあり得なかったでしょう。結局、グローバリズムとは、中国の政治的・経済的台頭を覆い隠す「イチジクの葉」だったのです。

対立するしかない米中

しかし、トランプ政権の成立によって、状況は一変しました。「隠れた米中同盟」こそが問題だとする大統領が就任したためです。

その一方で、米中間の秘密の同盟関係は、米国社会の隅々にまで行き渡っていますから、トランプ大統領も、就任すると、中国批判をトーンダウンさせました。

ただ、「米中秘密同盟」もそろそろ賞味期限切れであるのも確かでしょう。この同盟の実質は、アメリカが中国での経済的権益を確保し、中国は、外資を用いて自国の経済成長を図り、同時に富国強兵策によりアメリカに対抗する軍事力を身につけるという点にありました。このようにアメリカの経済的権益が前提にあってのものですから、中国経済の減速につれてアメリカの中国を見る目は厳しいものになりつつあります。

実際、すでにアメリカは、中国の対外進出には神経質になっています。南シナ海の人工島に対しては「航海の自由」作戦を実施し、人民解放軍を牽制《けんせい》しています。ハリー・ハリス太平洋軍司令官も、「浚渫船《しゅんせつせん》とブルドーザーで、砂による万里《ばんり》の長城《ちょうじょう》を数カ月にわたり築いている。前代未聞の埋め立て行為だ」と、中国による人工島の埋め立てを激しく非難しています。※注18

また、オーストラリア北部ダーウィンでは、米軍の駐留拠点にほど近い港湾を人民解放軍に近い中国企業が99年間租借《そしゃく》する契約を締結しています。さらに、中国は、アフリカ東部ジブチに軍事基地を建設しただけでなく、パキスタンでは合同で軍事パレードも実施しています。その次は、パキスタンのグワダル港にも軍事基地建設の噂があります。

こうした中国の軍事的海外進出を考慮すれば、すでに「米中秘密同盟」の前提が崩壊しつつあるとはいえるでしょう。しかし、より突き詰めていうならば、この同盟の本質は〝カネ〟にあります。つまり、過熱している中国経済のバブルが崩壊する瞬間が、同盟が消滅する瞬間でもあるのです。

もっとも、これまでも中国経済のバブル崩壊に関しては多くの人が警告してきました。なかなかバブルがはじけなかったのも事実ですが、どうも今回は事情が異なります。

実は、2017年10月19日に中国の中央銀行である中国人民銀行の周小川《しゅうしょうせん》総裁が、「資産価格の突然の大幅下落」の可能性を指摘しているのです。

周総裁は第19回共産党大会の際のイベントで質問に答え、「景気循環を増幅する要素が経済にあまりに多く存在すれば、景気変動のぶれが大きくなる」と発言しました。「物事が円滑に進んでいるときに過度に楽観的であれば緊張が高まり、それが急激な調整につながる可能性がある。ミンスキー・モーメントと呼ばれる状況で、我々は特にこれを防がなければならない」というのです。※注19

「ミンスキー・モーメント」は、バブルの終末期にみられる現象です。たとえば、不動産などの固定資産が供給過多になると、しだいに投資に見合う収益を得られなくなります。資産価値は下落していきますが、それを得るために要した債務は減りません。債務を返す方法の一つは、資産売却です。すると、それを見た他の債務者たちも売り急ぐようになることで、資産価値はいっそう下落し、焦《こ》げつく債権が出てきます。銀行や投資企業などの経営は悪化し、破産者や失業者が増えていきます。このバブル崩壊の局面が、ミンスキー・モーメントです。

周中国人民銀行総裁が言う「急激な調整」とは、まさにこのことです。中国のバブルがはじければ、単に経済だけの問題にはとどまらず、米中関係にも大きな軋《きし》みを生むことは明白でしょう。少なくとも現状のまま推移すれば、中国は破産します。それを回避するための窮余《きゅうよ》の策として持ち出されたのが、「一帯一路《いったいいちろ》」構想です。これについては、次章で詳しく見ていきます。

5章　第三次世界大戦に突入する中国

1節 「新常態《ニューノーマル》」という名の低成長時代の始まり

中国経済の行き詰まり

中国経済の行き詰まりは、すでに2014年半ばから明らかでした。夏頃には4兆ドル（当時のレートで約410兆円）を超えていた外貨準備高が、2017年初頭には3兆ドル（約340兆円）を割り込むまでに減少しているからです。※注1

国際間の取引（国際決済）での人民元建《じんみんげんだ》て決済のシェアも減少しています。金融情報サービスの「スウィフト」のレポートによると、2016年の人民元建て決済は2015年比で29・5パーセント減少（金額ベース）しました。国際決済に占める人民元建て決済のシェアは、2015年12月時点の2・31パーセントから、2016年12月には1・68パーセントまで減少しました。

ちなみに、2016年度の決済通貨のシェアは、1位がドルの42・09パーセント、2位がユーロの31・30パーセント、3位が英ポンドの7・20パーセント、4位が日本円の3・40パーセント、5位が加ドルの1・93パーセント、そして、6位が人民元の1・68パーセントでした。前年度では人民元が2・31パーセントを占めていたことを考えれば、大きく減少しています。※注2

その原因として挙げられるのが、中国経済の減速、人民元為替レートの大きな変動、資本流出に対する規制措置です。とくに為替レートに関しては、２０１５年8月の1ドル6・22元から、２０１６年12月末には6・98元にまで急速に下落しています。２０１７年度は6・70元にまで戻りはしたものの、これは外貨持ち出しを禁止したためであって、中国経済が回復したためではありません。

もう一つ、２０１７年に為替レートが上昇した要因を挙げるとすれば、それは中国政府の景気対策にあります。中国の経済政策は年末に開催される「中央経済工作会議」で決定されるのが通例となっています。「産経新聞」によれば、２０１５年に引き続き２０１６年に開催された中央経済工作会議でも、積極財政、供給を重視する経済政策が強く提唱されています。つまり、景気テコ入れのための公共投資などへの積極的な財政政策と、人民元の為替レートを安定させるための穏健な通貨政策の継続が決定されていたのです。※注3　２０１７年の中国の経済成長は、かなりの部分が中国政府による積極的な財政政策によるものだったといえるでしょう。

地方政府の破綻《はたん》

「大和総研」のレポートは、地方政府が独自に行なうインフラ開発が、中国の景気を支えてきた点に注目しています。しかし、行政がインフラ開発に割ける予算は限られており、その財源の多くを債務に頼ることになります。この地方政府の債務が急速に増大するという問題が、中国経済の健康な成長を妨げています。

２０１４年以前の旧予算法は、地方政府の外部からの資金調達を禁じていました。そこで、地方政府は「地方融資平台《へいだい》」というシステムを用いて資金を調達します。つまり、傘下の投資会社を設け、それを通して間接的に資金調達してきたのです。

当初は、「国有地の使用権を譲渡する権利を有する」という地方政府ならではの旨《うま》みが、大きな利潤を生みました。開発後の譲渡収入を債務返済に充《あ》てることができました。ところが、インフラ開発をするのは地方政府だけではありません。やがて工場用地や住宅など不動産余りの現象が起き、その価値が下がってくると、譲渡収入も縮小していきます。債務返済に充てるための新たな開発が必要となり、いわゆる自転車操業の状態に陥ります。※注４

つまり、現在の中国は不動産価格を下げることができないのです。もし、さらに不動産価格の下落を招く事態が発生すれば、地方政府が次々破産してしまいます。

前述の「地方融資平台」の債券発行額は、2016年11月時点で1兆7000億元（約27兆3000億円）に達し、すでに2015年の通年実績（約1兆3000億元）を超えました。

※注5　中央政府だけでなく、地方政府も危機的な状況にあることがわかるでしょう。

進まない「ゾンビ企業」対策

2016年3月に、「ロイター」がたいへん興味深いコラムを配信しています。中国では、赤字を垂れ流しながら存続している「ゾンビ企業」が過剰な雇用を抱えており、人員整理が困難な状況にあるというのです。

鉄鋼業を例に挙げると、2016年の段階で、その生産設備全体の3分の1が稼働していないといいます。とはいえ、強引な人員リストラに踏み切った場合、労働争議が起きかねません。

2011年以降の中国では、年間2000万人前後の新規雇用が生まれるといわれていますが、その大半は上海《シャンハイ》や深圳《シンセン》など沿岸部に集中しており、地方は失業者で溢《あふ》れています。

都市に流入する農村出身者たちは、年金や福利厚生も受けられず、都市住民の6割程度の給与で働かされています。彼らが解雇ということになれば、重大な社会不安を生み出すことが危惧されます。※注6

2節　何のための「一帯一路《いったいいちろ》」構想か

壮大な構想

習近平は、2013年9月に中央アジア諸国を歴訪しました。この時、カザフスタンのナザルバエフ大学での演説で「シルクロード経済帯」建設構想を提起し、続く同年10月のASEAN歴訪では「21世紀海上シルクロード」の建設を提案しました。以後、この2つの構想は「一帯一路」構想としてまとめられ、12月の中央経済工作会議で正式に同名称での政策推進が確認されることになりました。※注7

この構想の目的は、表向きは、インフラ投資を中心とする経済協力にあるとされています。立命館大学の白石隆《しらいしたかし》特別招聘教授によれば、具体的には、2016年末現在、個別案件で判明している分だけで、発電所などエネルギー関連が188社計1705億ドル、鉄道、港湾、道路など運輸関連が197件計約1740億ドル、商業施設・工業団地関連が76件計約1355億ドル、合計461件計約4800億ドルとなっています。資金の9割以上は国有銀行の商業ベース借款《しゃっかん》となっています。

投資先の国別比率は、ロシア17パーセント、パキスタン15パーセント、ベトナム13パーセント、インド10パーセント、インドネシア6パーセントで、この5カ国で60パーセントを超えています。※注8

JETRO「アジア研究所」の大西康雄《おおにしやすお》氏は、「一帯一路」構想の特徴を3つ挙げています。

それは、第一に、習近平によるトップダウン方式で提起されたという点です。そこから各方面で議論が本格化し、新しい発展構想としての内容が付与されることになりました。

第二は、「一帯一路」が対象国の参加と共同発展を強調していることです。その際に強調されるのは、「共同協議、共同建設、共有」の理念であり、「ウィンウィン」（相互利益）の精神です。

第三は、「一帯一路」を資金的に支えるために「アジアインフラ投資銀行」（AIIB）のような国際金融機関を設立していることです。「ＡＩＩＢ」の資本規模目標は１０００億ドル（約11兆円）で、先行して設立された「ＢＲＩＣＳ新開発銀行」の同５００億ドルを加えると、日米が中心になって運営している「アジア開発銀行」（ＡＤＢ）の１６３５億ドルと肩を並べ、加盟国数87カ国は「ＡＤＢ」の67カ国（地域）を上回っています。※注9

中国の、中国による、中国のためのユーラシア開発計画

たしかに、中国はこの「一帯一路」構想において、対象国との「ウィンウィン」の精神を強調しており、習近平も「中国の経済発展の急行列車に便乗するのを歓迎する」という言い方をしています。しかし、その内実は、「中国の、中国による、中国のためのユーラシア開発計画」であるというのが真相で、言い換えれば、ひたすら中国という国家の利益のために最大限の成果が挙げられるように構想したのが、この「一帯一路」なのです。

このことを中国のエネルギー戦略という点から考察したのが、「日本エネルギー経済研究所」の張平《ちょうへい》研究員のレポートです。

中国経済は、２０１１年の「ＷＴＯ」（世界貿易機関）加盟以降、名目ＧＤＰで世界第２の経済大国に成長しますが、それと同時にエネルギー消費量も急増し、２００９年には世界最

「一帯一路」会議に出席するプーチン（左）を迎える習近平とその夫人（共同）

「一帯一路」会議が開かれた北京の会場（共同）

大のエネルギー消費国になりました。

その石油消費量は、2014年にはアメリカの5割強でしたが、2040年にはアメリカの1・26倍まで拡大すると予想されています。

1990年代からの中国政府は、いわゆる3大国営石油企業を後押しする形で、世界各地でエネルギー資源の権益を得るための、国家ぐるみの戦略を実行してきました。2010年以降は、中央アジア、ロシア、ミャンマーなどから原油・天然ガスを運ぶパイプラインが相次いで完成し、エネルギー安全保障は大きく改善しました。

しかし、それでも石油輸入の半分以上は、中東依存です。供給先の政治情勢と海上輸送路の不安定が悩みの種となっています。さらに、南シナ海や東シナ海で繰り広げられている領有権争いが、いつ紛争に転じるかもしれません。

そこで中国が目をつけたのが、ユーラシア大陸内陸部です。ロシアと中央アジアと中東には豊富なエネルギー資源が未開発で眠っています。しかし、内陸の中央アジアは、物流がネックでした。※注10
新たに建設されたパイプラインと輸送網は中央アジア諸国と結び、貿易交流を促進することで、エネルギー源の多様化、安全な輸送路の確保といった問題を一気に解決するものと期待されたが、「一帯一路」構想でした。

なにより、国内の過剰生産能力の解消と内需不足を補うため、関連諸国との連携によるインフラ投資の拡大であるという側面も忘れてはなりません。過剰生産能力の処理を先送りにしても、この構想で需要が拡大するならば問題それ自体が消滅することになります。新興国に鉄道、発電所、通信などの資本財を輸出することで、そこから収益を上げ、さらに、これらの諸国からの安定的な資源輸入を図る、つまり、一石二鳥、いや一石三鳥以上の計画なのです。

3節　インドとの確執

パキスタンをターゲットにした経済開発

こうした中国の構想に強烈に反発しているのがインドです。2017年5月に北京で開催された「一帯一路」首脳会議に、インドのモディ首相は出席しませんでした。それどころか、同月にインドで開催されたアフリカ開発銀行年次総会で、モディ首相は日本と協力してアフリカ開発を推進する姿勢を明らかにしたのです。インドは今年6月に「上海協力機構」（SCO）に正式に加盟しており、中国・ロシアとの関係が緊密であるように見えていただけに、意外な動きに映るかもしれません。

しかし、「一帯一路」構想の詳細を検討すれば、その疑問は氷解します。「防衛研究所」の栗田《くりた》正弘《まさひろ》研究員によれば、インドが反発する理由は、同構想の旗艦事業と位置づけられる「中国・パキスタン経済回廊」（CPEC）にあるといいます。「CPEC」は、「一帯一路」の下にある「シルクロード経済ベルト」を構成する6つの経済回廊の一つで、最も先行して開発が進むプロジェクトです。

CPECは、「回廊」とはいうものの、グワダル港やカラコルム・ハイウェイの建設・拡張に代表される輸送インフラだけに止《とど》まっていません。当初の投資額460億ドルのうち330億ドルまでが、発電所や送電網の建設といったエネルギー関連事業に充てられています。これは、慢性的な電力不足によって経済成長を阻害《そがい》されてきたパキスタンの利害と一致したものです。

中国にとっても、CPECの発展は大きなメリットを生みます。陸路でインド洋の最西端にアクセスできるため、不安定な海路を避けて、中東やアフリカ、欧州に至ることができます。とくに中国内陸部からの移動であれば、わざわざ東の沿岸部まで出る必要もありません。それによって、内陸部の経済発展が期待できます。ウイグル人が多く住む「新疆《しんきょう》」が繁栄すれば、この地域の政治的安定にもつながるでしょう。※注11

ところが、この巨大プロジェクトが、領有権を巡って印パ間で係争中のカシミールを通過していることが、インドを苛立たせている大きな原因になっています。カシミールの領有を巡る争いは、1948年、1965年、1970年と3度にわたる印パ戦争と、1965年と1999年に発生した国境紛争に及んでいます。2002年には印パ両国は戦争の寸前にまで至ったことがありましたが、この時は、アメリカの仲裁で事なきを得ています。※注12

それに輪をかけるのが、インド側のカシミールに対するイスラム原理主義勢力によるテロ活動です。そこには、2008年のムンバイでのテロ攻撃も含めることができるでしょう。「ニューズウィーク」日本語版によると、2016年9月にも、パキスタンからの支援を得ているとされるイスラム過激派組織が、カシミール地方に駐留するインド兵の基地を襲って兵士18人を殺害し、その報復として、インド政府は9月29日に過激派組織の拠点などにピンポイント攻撃を加えたという事件が発生しています。※注13

こうした両国の紛争地域に、パキスタンが有利になるような巨大経済プロジェクトが始動するというだけで、インドを強く刺激しています。

中・パ両海軍を結ぶ港湾開発

中国は2001年からパキスタン「グワダル港」の開発を進めていましたが、2002年3月に当時の呉邦国《ごほうこく》副首相が建設開始の式典に参加しました。グワダル港は次の4つの理由から重要な戦略拠点となっています。

第一に、原油を輸送するタンカーが行き交うホルムズ海峡の入り口に位置している点です。タンカーはこの狭い海峡を通過せねばならず、アラビア海とインド洋を結ぶ重要なシーレーンとなっています。

第二に、中国の援助によって建設された点です。グワダル港は、全天候型のカラコルム・ハイウェーを経由して、中国とアラビア海沿岸を結ぶ通商路の結節点となります。

第三に、内陸国のアフガニスタンや中央アジア諸国にとっての海の玄関口になる点です。

第四に、パキスタンの中心都市カラチの脆弱《ぜいじゃく》性をカバーできるという点です。これまで、パキスタンとインドの緊張が高まったとき、カラチはインドによる海上封鎖の対象となりました。そうした危険性が回避できます。

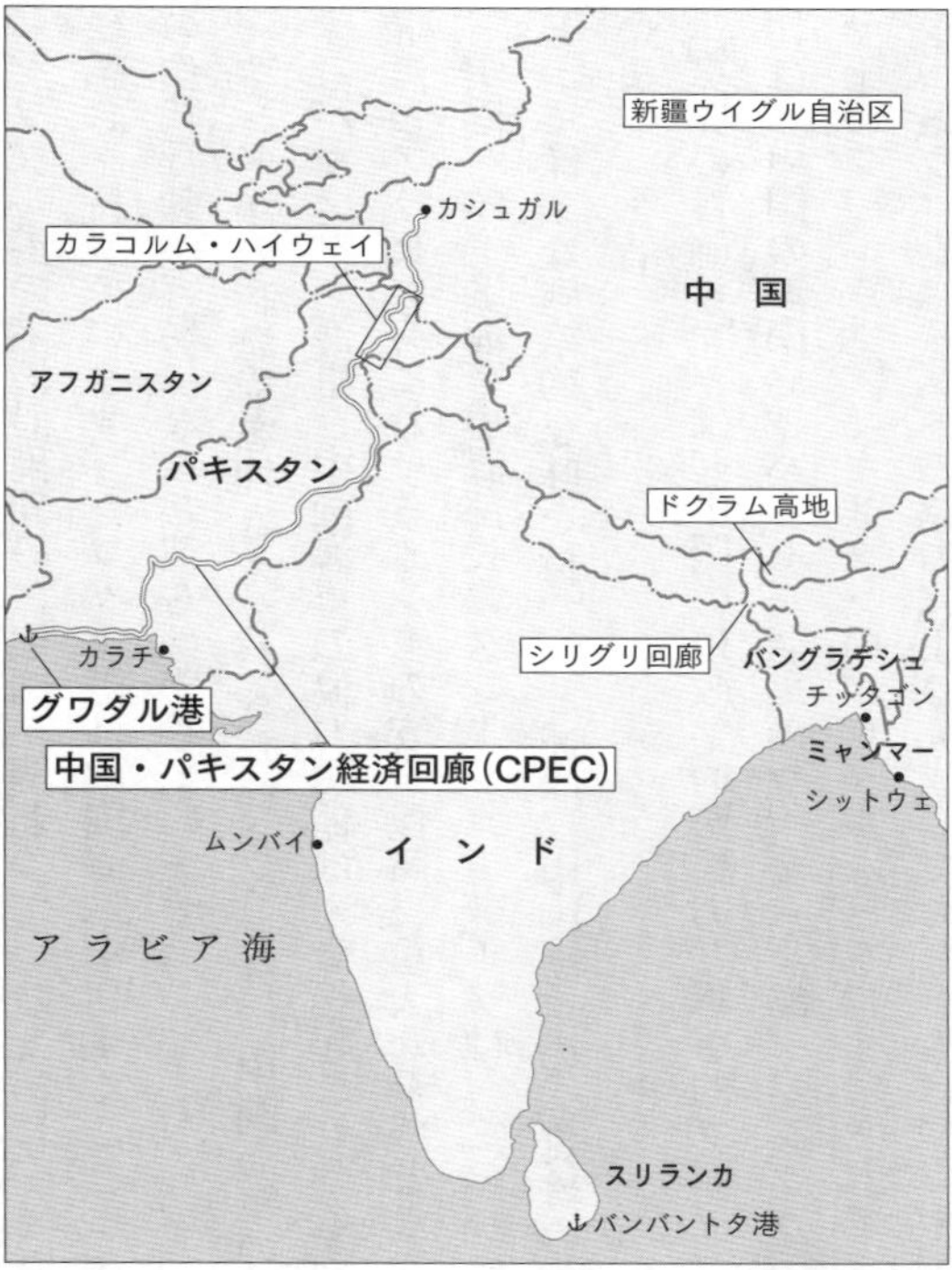

印パ関係を利用する中国

インド洋に突き出すグワダル港

グワダル港の港湾設備建設に中国が関わっているために、インドの戦略家たちはこの展開に懸念を持っています。グワダル港は中国海軍を利することになり、中国海軍のインド洋での作戦行動が容易になると彼らは感じています。

インド洋の制海権を押さえておきたいインドは、中国海軍のプレゼンスと競合するのです。パキスタン海軍と中国海軍の協力関係は、今後起こりうる紛争を考慮するならば、インド洋とアラビア海におけるインドの安全保障に重大な脅威となっているということです。

実際、インド海軍参謀部長のスレーシュ・メータは、このパキスタンの港湾を「インドにとって深刻な戦略的意味を持つ」と述べ、中国海軍の「真珠の首飾り」戦略の要《かなめ》と呼んでいます。※注14

「真珠の首飾り」とは、中国の地政学的影響力と軍事的プレゼンスの集合体といえます。当初は、中国の海南島《かいなん》、パラセル諸島のウッディー島、バングラデシュのチッタゴン、ミャンマーのシットウェ、パキスタンのグワダルなどを指すとされてきました。※注15 そのうち、シットウェ港はインドの協力により完成しており、もはや「中国の真珠」とはいえなくなっています。代わりに、現在では中国が軍事施設を建設したアフリカ東岸のジブチが加わっています。さらに、そこにスリランカのハンバントタ港が加わる可能性が出てきました。スリランカ政府が11億2000万ドルでハンバントタ港の99年間の運営権を中国企業に譲渡する契約を結んだためです。

こうして見ると、インドは周囲を中国の軍事拠点で囲まれることになり、すでに「真珠の首飾り」が、インドを軍事的に締め上げつつあることは明らかでしょう。

地上での対峙も

さらに、インドと中国は直接軍事的に対峙するという事件が起きています。2017年6月半ばからほぼ2カ月半にわたって、中国とインド、ブータンが争う紛争地「ドクラム高地」でインド軍と中国軍がにらみ合ったのです。その結果、インドと中国の双方が相手部隊の越境行為を互いに主張し対立を深めることになりました。

この事件に対するインド側の見方として、「産経新聞」は、シャム・サラン元外務次官のニューデリーの講演での発言を紹介しています。

「中国は、インド軍のこれほどの反発を予想していなかった。中国はこれまでも、ブータン領を少しずつ削り取ってきたことに加え、南シナ海でも、第三国の本格的な抵抗には遭《あ》わず、成功を収めてきたからだ」

インドが、「一帯一路」構想に基づいた中国の道路建設に強く反発しているのには、理由があります。ドグラム高地の南方の「シリグリ回廊」は、インドの主要部と北東部を結ぶ地帯です。細長いことから「ニワトリの首」と呼ばれ、インドにとって戦略上の要地となっており、ここに中国軍の南下を許せば、東西の国土が分断されかねません。

サラン氏は、次のように警告しています。

「中国は重機と大量の兵員を送り込んでいる。ブータンとの係争地に永久的に居座ろうとしている兆候がある。今後、小規模な衝突に発展する可能性もある」※注16

今回のようなにらみ合いは、2013年にも発生しています。陸上でもインドと中国の間でしばしば一触即発の事態が発生していることには改めて注意が必要でしょう。今後も同様の事件が発生する可能性が高いからです。

日米豪との4カ国同盟に飛びつくインド

モディ首相は当初から、中国に対立的であったわけではありません。モディ首相が中印関係重視に転じた時期もあったのです。米印両国の共同声明で南シナ海への言及を避けたこともありました。背景には、パキスタンに拠点を置くイスラム過激派組織指導者の国連制裁リストへの掲載やインドの原子力供給国グループ（NSG）への参加で、中国の合意を取り付ける狙《ねら》いがあったからだと「産経新聞」は報じています。

しかし、中国は、いずれの問題でもインドの思うとおりには動きませんでした。態度を再び硬化させたインドは、2017年4月、中国も領有権を主張し、インドが実効支配する北東部アルナチャルプラデシュ州へチベット仏教最高指導者ダライ・ラマ14世が訪問することを、中国の反対を押し切って容認しました。5月に北京で開かれた「一帯一路」に関する国際協力サミットフォーラムをボイコットしたのも、その一環です。これに加えて、中国のパキスタン寄りの政策が、インドの反発を招いているのはいうまでもありません。※注17

今後、中国の「一帯一路」構想が現実化することになれば、インドと中国の間の関係はいっそう悪化することが予想されます。

そこで、インドが注目しているのが日米豪印戦略対話です。2017年11月に開催された

ASEAN首脳会議の際に、安倍晋三《あべしんぞう》首相、トランプ大統領、豪ターンブル首相、それにモディ首相がそれぞれ会談を行なっています。

この4カ国会談に関して、2017年11月10日付けの「インディアン・エクスプレス」紙は「(日米豪印戦略対話に)中国の積極的な海洋拡大や一帯一路構想に対抗するという目的があることは明らかである」と報じています。※注18

日米豪印戦略対話に関しては、河野太郎《こうのたろう》外務大臣がインタビューで、自由貿易の推進と、防衛協力を2つの柱に挙げています。しかし、対話の本質が中国の「一帯一路」構想への反撃であることは、もはや明らかでしょう。インドは新幹線を日本から導入することを決定しています。西アジアから東南アジア、そして東アジアにかけて、日米を中心とする民主主義陣営と、中国が競合するという図式が完成したのです。

4節　苦悩する中国

「一帯一路」構想の落とし穴

「一帯一路」構想には、過剰生産能力の処理や新興国からの円滑な資源の輸入という側面があり、行き詰まりを見せていた中国経済それ自体に対する処方箋《しょほうせん》であることは先にお話ししたとおりです。

しかし、この構想には大きな落とし穴があります。

経済アナリストの村田雅志《むらたまさし》氏によれば、中国政府がユーラシアにある発展途上国で行なうインフラ投資には膨大な資金が必要です。アジアインフラ開発銀行（AIIB）がその資金不足を埋める予定でしたが、アメリカと日本の不参加で資金不足となり、その収支は2014年後半から一貫して赤字だということです。

そこに、習近平の「新常態《ニューノーマル》」政策、つまり、それまでの高度急成長路線を放棄して、低成長を認めたことで、中国経済に対する期待感が薄れた結果、外資だけでなく、中国人投資家も海外への投資に流れてしまいます。

さらに、投資家に逃げられたもう一つの原因が、習近平が力を入れている腐敗撲滅運動です。これにより、不正蓄財を疑われそうな党幹部や政府高官が、次々と資産を海外に持ち出す結果となりました。

村田氏は、その大きな額を、中国の国際収支統計における「誤差脱漏《ごさだつろう》」から推定できるとしています。誤差脱漏は2009年以降赤字が続いているのですが、2013年が629億ドルの赤字であったのに対し、2014年には1083億ドル、2015年には1882億ドルと過去最高の赤字を更新しています。※注19 おそらくは、この大部分が、中国から不正に持ち出された資本であったと考えられます。

そんなこともあって、2016年末からは、資本移動の規制がいっそう厳格化されました。「日本経済新聞」によれば、現地事業の売却代金を受け取れなかったり、日本への送金が止まったりする例が続出しており、ごく一般的な資金管理すら難しくなっているというのです。※注20

先に挙げた人民元の使用比率の減少も、こうした事情と無関係ではありません。

したがって、2018年以降も、中国は資金不足の状態が継続すると考えられます。そして、中国からの資金の流出は人民元の下落圧力になります。下落する通貨に投資は集まりません。中国への資本流入はますます細《ほそ》ることになります。

今後、突き上げを食らう習近平政権

こうしてみると、第1期習近平政権の時と状況がまったく変わっていることがわかります。習近平が中国という国家を胡錦濤《こきんとう》から引き継いだときは、日本側となかなか首脳会談に応じないなど、強硬な姿勢が目立ちました。

しかし、現在の中国はすっかり融和的になりました。2017年の11月には、安倍首相は習近平、李克強《りこっきょう》首相と相次いで会談を行ないました。北朝鮮による核・ミサイル開発問題を巡り、朝鮮半島の非核化は共通の目標であるとの認識を共有し、さらには、圧力強化のため、国連安全保障理事会の制裁決議の完全履行に向けた連携強化で一致するなど、中国側の協力的姿勢が目立つようになりました。

中国にしてみれば、国内の資金不足を解決するには、アメリカと日本に助力を願うしかありません。その結果、これまでしばしば問題となった尖閣《せんかく》諸島や南シナ海問題に関しては、中国の挑発的な行動は相当程度抑制されることになると予想されます。

2017年10月の第19回中国共産党全国大会で明らかになったのは、習近平は「名を取って実を捨てた」と見られることです。中国共産党は、党規約を改正し、習近平総書記（国家主席）の指導理念「習近平による新時代の中国の特色ある社会主義思想」を党の行動指針として盛り込みました。その一方で、腐敗撲滅で豪腕を振るった王岐山《おうきざん》を中国共産党常任委員に残すことができませんでした。つまり、「習近平思想という名」は残すことができましたが、政権の「実行力」を担保することまではできなかったのです。

しばらくの間、習近平は対外的に融和的な政策を採用せざるを得ません。その結果、中国共産党内部の強い反発を招くと予想されます。とくに、中国共産党内部の暗黙の計画として、2021年までに台湾を奪取するというものがあります。2021年は、中国共産党が創設されて100年になります。その時までに、台湾を手に入れ、台北《タイペイ》で次回の中国共産党大会を開催するのが彼らの悲願なのです。とすると、2021年までに、習近平は内部から激しい突き上げを受けることになるでしょう。

したがって、習近平の次の世代から猛然と台湾侵攻に方針が転換されると予想できます。中国が台湾侵攻を意識すれば、米中対立も深刻化します。また、北朝鮮を巡って米中が対立するというシナリオもあります。いずれの場合にせよ、米中間で軍事衝突が起きれば、かなりの確率でインド軍も参戦することになるでしょう。こうして、第三次世界大戦の幕が切って落とされるのです。

5節　中朝関係はどうして悪化したのか

メンツとメンツのぶつかり合い

最後に、中国の地政学的状況を左右する北朝鮮との関係を、中澤克二《なかざわかつじ》氏の『中国共産党闇の中の決戦』から整理して見ていくことにしましょう。

現在からわずか7年前の2010年10月10日、平壌での軍事パレードには、金正日・金正恩父子と、訪朝していた中国最高指導部のメンバーの周永康《しゅうえいこう》、金正日の側近で事実上のナンバー2であった張成沢《チャンソンテク》が臨席していました。笑顔で手を振りパレードに答える周永康の姿が写真にも収められています。この時、中朝関係は揺るぎないものに見えていました。

しかし、その後、両国の関係は暗転します。北朝鮮のトップとして7回も訪中した金正日が2011年末に死去し、金正恩が第一書記に就任すると、3度目の核実験を行ない、20

13年12月に、もっぱら中国とのパイプ役を果たしていた張成沢が、金正恩によって処刑されます。

一方の中国でも、腐敗撲滅運動の一環として、党内序列9位であった周永康を摘発しました。周永康は、国有石油大手である「中国石油天然気集団」(CNPC)総経理出身で、中国共産党中央政法委員会書記を務め、公安・司法分野のトップに君臨していました。江沢民に近く、エネルギー政策に影響力を持つ「石油閥」の中心人物として、最高指導部に上り詰め、同時に、北朝鮮との中国側のパイプ役を務めていました。周永康の失脚で両国のパイプが失われ中朝関係は希薄化していきました。

中朝関係の希薄化を推進したもう一つの要因は、中国と韓国の接近でした。2015年9月3日の北京での軍事パレードに習近平と韓国の朴槿恵《パククネ》大統領が並んで立つというのは、北朝鮮にとって屈辱的な光景でした。韓国は、朝鮮戦争において、中国と共に戦った敵国です。その敵国の首相が習近平とにこやかに談笑するようでは、北朝鮮のメンツはまったく立たないことになります。

これに対して中国は、中朝関係の修復に乗り出します。2015年10月10日の北朝鮮の軍事パレードに党内序列5位の劉雲山《りゅううんざん》を派遣し、中国共産党対外連絡部部長の王家瑞《おうかずい》も同行しました。

しかし、劉雲山の訪朝に金正恩は満足していませんでした。金正恩は、本音を言えば李克強首相、それがだめなら、党内序列4位の兪正声《ゆせいせい》の訪朝を望んでいました。金正恩は、この不満を些細《ささい》な策略で解消しようとしたのです。

2015年12月11日から、3日間にわたって美女楽団として有名なモランボン（牡丹峰）楽団の公演が予定されていました。この楽団は、金正恩が、開放的なイメージ作りを狙って直々《じきじき》に結成させた選《よ》りすぐりの楽団でした。話題性によってチケットはおおかた売り切れていました。その演目には、北朝鮮の核保有も意味する国威発揚、金正恩の個人崇拝が数多く盛り込まれていましたが、10月に訪朝した劉雲山が平壌で鑑賞したものと似ており、北京も了承していました。北朝鮮側が当初求めていた習近平や李克強の公演鑑賞を、中国側は拒否していたのですが、「チャイナ・セブン」（中国共産党政治局常務委員の7人）のメンバーが鑑賞する可能性は残されていました。

しかし、その公演の前日の12月10日に、朝鮮中央通信は、次のような金正恩の発言を伝えます。

「我が国は、自主権と民族の尊厳を守る自衛の核爆弾、水素爆弾の巨大な爆音を響かせることができる強大な核保有国になれた」

つまり、北朝鮮は核保有国であり、水爆すら保持していると宣言したのです。この宣言の直後に、中国最高指導部のメンバーが、北朝鮮の核保有を示唆する演目をにこやかに鑑賞し、大きな拍手を送れば、実質的に北朝鮮の核保有、水爆保有を中国が認めることになるという金正恩の計算がありました。「南シナ海をめぐって孤立している中国は、北朝鮮を必要としているはずだ。だとするなら、中国は北朝鮮の核保有宣言を認めるのではないか」と金正恩は考えたのです。

残念ながら、その目論見《もくろみ》は外れました。中国は、安全保障上、朝鮮半島の非核化を最優先課題としており、北朝鮮の核保有は論外であり、ましてや水爆保有などあり得ないという立場をとっていたためです。

これに対する中国側の対応は素早いものでした。金正恩の発言に対して、外務省報道官は記者会見で「朝鮮半島情勢は非常に複雑、デリケートで脆弱だと見ている。関係当事国が情勢の緩和に役立つことをするよう願う」というコメントを発表します。中国の同盟国に対する発言としては非常に厳しいものでした。そして、美女楽団の公演への出席者のレベルを下げ、公演の演目内容の修正を求めました。

今度は、この中国の対応に金正恩が激怒しました。金正恩は美女楽団の即時撤収を命じました。国内基盤がなお弱い中で、最高指導者としてのメンツをつぶされるのを避けたかったのでしょう。12月12日には美女楽団は空路で北京を後にしました。

しかし、これだけでは、金正恩の怒りは収まりませんでした。とりわけ、習近平に対する怒りは激しかったと考えられます。その3日後の12月15日に、核実験の「命令書」に署名し、年明けから〝水爆〟とミサイル実験に邁進《まいしん》することになるのです。※注21

とくに2016年9月5日に閉幕した杭州《こうしゅう》でのG20に合わせて、北朝鮮は弾道ミサイルを3発発射しました。さらに、9月9日には5度目の核実験を行ないます。核実験の前には、北朝鮮は中国側に通告していたようです。中国側の最低限のメンツは立てたものの、金正恩が「朝鮮半島の非核化」を支持する中国側に不満を抱いていることは明らかでしょう。

「旧瀋陽《しんよう》軍区」のクーデターを恐れる習近平

このように、中朝関係は非常に険悪化しますが、その背景として中国国内の内部事情も指摘しないわけにはいきません。

それには、「産経新聞」の記者であり、軍事問題に詳しい野口裕之《のぐちひろゆき》氏のコラムがたいへん参考になります。北朝鮮は、中国東北部に置かれた人民解放軍の「旧瀋陽《しんよう》軍区」（現北部戦区）と緊密な関係を持っているというものです。その内容を簡単に整理してみましょう。

この軍区の管轄は、北朝鮮に接する地域です。李氏朝鮮の時代より、旧満洲《まんしゅう》東部からロシア沿海州の南西部にかけての地域には、朝鮮人が多く移住し、その末裔がいまも居住しています。

戦後は、北朝鮮に中国から物資を運ぶ窓口の役目を果たしており、国連や日本、アメリカ、EUなどが北朝鮮に経済制裁を加えている間も、ここからあらゆる物資が流れていました。それを実際に現場で行なっているのが、「旧瀋陽軍区」の関係者たちだというわけです。これは、人民解放軍全体の意思ではなく、あくまでも一つの軍区が独自に行なうものと考えられます。

「旧瀋陽軍区」は、朝鮮戦争時には最前線となり、また、旧ソ連と国境を接する地域であったことから、軍備面でも優遇されていました。しかし、人民解放軍の組織は秩序立っていません。中央の支配からは半ば独立したような軍閥から構成され、なかには独立心の強い軍閥もいるのです。

結果として「旧瀋陽軍区」は、北京より平壌と親しく関係を結び、その高官一族は、北朝鮮に埋蔵されるレアメタルの採掘権を相当数保有しているとされます。こうした採掘権は、「旧瀋陽軍区」が北朝鮮に対して行なう、さまざまな便宜に対する見返りです。この不正によって「旧瀋陽軍区」が力を蓄え、中央に対してクーデターを起こす事態を、習近平は極度に恐れているというのです。

この時、とくに問題になるのが、核・ミサイル開発です。現在、人民解放軍の核管理は「旧成都《せいと》軍区」（現西部戦区）が担当しており、「旧瀋陽軍区」は関わっていません。「旧瀋陽軍区」としては、核兵器を保有して、北京に対する権限強化を図りたいところですが、さすがに、それは北京が許しません。そこで、核実験の原料や核製造技術を北朝鮮に流し、または北の各種技術者を軍区内で教育・訓練し、自前の核戦力完成をめざすという観測がなされているといいます。

2016年に中国の公安当局は、「旧瀋陽軍区」の管轄下である遼寧《りようねい》省を拠点にする女性実業家を逮捕しました。戦車用バッテリーなど通常兵器の関連部品に加え、核開発関連物資を北朝鮮にひそかに売りつけていたというのです。この犯罪が長い間、独裁国家の厳しい監

視網をすり抜けられたのは、「旧瀋陽軍区」の後ろ盾《だて》があったためではないかというのです。※注22

この野口氏の仮説が正しければ、北朝鮮の核は、「旧瀋陽軍区」の核でもあり、北朝鮮の核は中国に対して発射される可能性もあるということになります。「旧瀋陽軍区」の持つ強大な権力を削《そ》ぐために、習近平は大規模な軍制改革に乗り出しますが、習近平は軍閥の壁を破ることができませんでした。「旧瀋陽軍区」は、内モンゴル、山東省《さんとう》も加えた北部戦区に再編され、むしろ以前よりも管轄する領域が拡大してしまいます。

中国が朝鮮半島の非核化を主張するのは、習近平が国内の「旧瀋陽軍区」のクーデターを恐れているためでもあります。

ただ、今後の中朝関係は、このまま悪化した状態が続くとも考えにくいのです。それは、米中間の対立が深まるにつれて、北朝鮮の立場は強化され、韓国は、米中のはざまで右往左往することになるというのが、朝鮮半島の歴史的傾向であるためです。中国は、いずれかの段階で北朝鮮と手打ちをすると考えられます。

最悪の中朝関係の下で、北朝鮮が執拗《しつよう》にミサイル実験、核実験を遂行できたのは、ロシアの隠れた支援のお陰でした。

6章　危険なロシア

1節　北朝鮮はアメリカに対する橋頭堡《きょうとうほ》

北朝鮮に対する支援の意味するもの

「ロイター」の報道によると、ロシアは、金正恩の失脚を狙うアメリカを阻止するために、ひそかに北朝鮮への経済支援を加速させています。金正恩が失脚すれば、ロシアの地域的影響力が衰退してしまい、ロシア東部国境沿いへの米軍配備を招くことになるためです。

ロシアは、西部国境沿いでNATO軍と対峙しています。そのうえ、東部国境でもアメリカやその同盟国との軍事的な対峙をすることは避けたいと考えて当然でしょう。北朝鮮はロシアにとって、その橋頭堡《きょうとうほ》として維持しなくてはならない存在です。

2017年9月の北朝鮮に対する国連の追加制裁に賛同しながら、10月には、ロシアの通信会社が北朝鮮へのインターネット接続の提供を始めました。これも、北朝鮮を経済的に孤立させて崩壊させようとするアメリカから守るための抵抗なのでしょう。

ロシアからの石油の輸出は前年と比べても増加しており、「少なくとも8隻の北朝鮮船籍の船が今年、燃料を積んでロシアを出航し、北朝鮮に帰港している。表向きの目的地は、母国ではない他の場所としており、これは北朝鮮が制裁効力を弱めるためによく使う策だと米当局者らは話す」と「ロイター」は報じています。

また、北朝鮮と国境を接しているロシアは、何万人もの北朝鮮出稼ぎ労働者を受け入れており、アメリカがそれを本国に帰すよう圧力をかけてくることにも抵抗しています。もちろん、これら労働者が行なう送金が北朝鮮の指導部の懐《ふところ》を潤《うるお》しているという側面についても、この記事は指摘しています。

中国が北朝鮮との経済的な関係を縮小させている一方で、ロシアはその関係を深くしているといってもよいでしょう。※注1

２０１７年9月上旬にウラジオストクで開催された「東方経済フォーラム」で、プーチン大統領は、米韓両国に対する北朝鮮の安全保障に関する懸念は理解できるとした上で、「(北朝鮮は) イラクで事態がどのように展開したか知って」おり、「核兵器とミサイル技術を有することこそ、唯一の自衛手段だと分かっている。それを放棄すると思うか」と語ったのです。※注2

10月19日には、国際的なエリートの対話を促進することを目的としたヴァルダイ・ディスカッション・クラブでの演説でも、プーチン大統領は「問題は対話の中で解決されるべきであり、北朝鮮は追い詰められてはならない」と述べています。この際に、プーチン大統領は、アメリカこそ名指ししませんでしたが、「現在の状況は紛争に向かっている」と警告しました。

また、9月末に、ロシア政府のスポークスマンであるディミトリー・ペスコフは、「ワシントンと平壌の激しいレトリックは危険な帰結を産み出しかねない」と警告しています。※注3

「ロイター」の報道によれば、ロシアが支援を増やす理由は、北朝鮮の体制転換をまったく望んでいないからだとされています。また、ロシアは統一された朝鮮半島で、自国の近くに米軍部隊が配備されることに激しく反対しているのです。

とはいえ、国境付近に米軍が展開することだけに反対して、プーチンは北朝鮮を擁護しているわけではなさそうです。

朝鮮半島を取り込む構想

そのヒントは、9月の「東方経済フォーラム」での韓国の文在寅《ムンジェイン》大統領の発言の中に見いだすことができます。「中央日報」の記事を紹介しましょう。

「文大統領は、ウラジオストクなどのロシアの極東地域を『ロシアの祖先が開拓し、韓国の先祖たちが移住して、共に生きてきた基盤』だと紹介した後、北方地域との経済協力に向けた意志を強調し、『新北方政策』のビジョンを明らかにした。

新北方政策は、文大統領が今年7月に『ベルリン構想』で明らかにした『朝鮮半島新経済地図』構想と一致するもので、ロシアの極東地域や中国東北3省、中央アジア、モンゴルなどユーラシア地域諸国との経済協力を活性化するものだ。文大統領は『新北方政策は極東地域の開発を目標とするプーチン大統領の新東方政策にも相通じるものがある』とし、『新北方政策と新東方政策が会う地点がまさに極東だ。韓国が推進する新北方政策もロシアとの協力を前提にしたものだ』と述べた。

さらに、文大統領は、ロシアが主導している『ユーラシア経済連合』（EAEU）と自由貿易協定（FTA）を早期に推進することを望んでいると明らかにした。

また、ガス・鉄道・港湾・電力・北極航路・造船・雇用・農業・水産など9つの分野を具体的に取り上げて、『ロシアと韓国の間に9本の橋を架け、同時多発的な協力を成し遂げていこう』と提案した。

文大統領は演説の後に続いた司会者との一問一答で、『後代に残したい経済的遺産は何か』いう質問に対し、『韓国の鉄道が北朝鮮を越えてシベリア鉄道へ、中国の鉄道へとつながることを望んでいる。釜山《プサン》から出発した列車が欧州に、ロンドンまで行くことができる世の中になってほしい』と答えた。また、『ロシアのガスが北朝鮮を経て、ガス管を通じて韓国まで届くことを望んでいる』と述べ、新北方政策の政策のビジョンを強調した。」

※注4

つまり、韓国・北朝鮮・ロシアをシベリア鉄道で結ぶことによって、一大経済圏を構築しようという計画が進行中だというのです。ロシアが、北朝鮮をなだめるだけでなく、韓国もその輪の中に入れることで極東での新たなブロックを形成しようとしています。

重要なことは、ロシア側もこの韓国のアイデアに賛同しているように見えることです。実際、この「東方経済フォーラム」には、北朝鮮から金英才《キムヨンジェ》対外経済相も出席しており、「産経新聞」は、彼がロシアのガルシカ極東発展相と極秘裏に会談したことを報じています。北朝鮮代表団と会談したガルシカは国営ロシア通信のインタビューで、北朝鮮側から「経済分野でさまざまな協力案を提示された」と発言しています。また、ロシアが中国とともに、国連の制裁決議下でも実施可能な「貿易協力」を検討していると述べました。※注5

結局のところ、ロシアは、アメリカに対抗する橋頭堡として北朝鮮を利用するだけでなく、シベリア鉄道の朝鮮半島までの延長という自国の権益のために、今回の騒動を最大限に利用しようとしているのです。

こうして見れば、2017年の前半に北朝鮮が強気に出ることができた背景には、ロシアの支援があったことがわかるでしょう。ロシアのプーチン大統領は、冷戦終了時に失われたロシアの威信を着実に再建しつつあり、そのためには、国際社会で孤立しているイランや北朝鮮とも平気で手をつなぐことも厭《いと》いません。手練《てだ》れのロシアと、権威が失墜したアメリカが対峙している構図です。

実際、プーチンの動機は、冷戦期さながらの米露の拮抗《きっこう》状態を創出し、あわよくば勢力圏の拡大（プーチンの立場からすれば復旧）することにあります。ただ、ロシアが、アメリカや西側諸国を敵視するようになる過程で、どうしても許せないことがありました。それは、NATO、EUの東方拡大であり、その時に欧米が採用した手法でした。

2節　欧米が仕掛けた「革命」に激怒するプーチン

アメリカによる政治工作

現在、トランプ大統領を悩ましている問題の一つが「ロシアゲート問題」です。この疑惑は、2016年の米大統領選で、ロシアが、民主党のヒラリー・クリントン陣営などへのサイバー攻撃で入手した情報を内部告発サイト「ウィキリークス」などを通じて公表し、ロシアに融和的とみられた共和党のトランプ陣営の勝利を支援したというものです。1974年のニクソン元大統領辞任につながったウォーターゲート事件にちなんで「ロシアゲート」と呼ばれていますが、ロシア側は関与を否定しており、トランプ大統領も、ロシアとの共謀を否定しています。

実際の疑惑に関連しては、はっきりした事実はいまだに明らかになっていません。トランプ政権発足から間もない2017年2月、駐米ロシア大使とひそかに接触していたことを理由に、フリン大統領補佐官が辞任しました。これに対して、トランプ大統領は5月、疑惑捜査に絡《から》んで自身が圧力をかけたともいわれた連邦捜査局（FBI）のコミー長官を解任しました。一方、事件を捜査するモラー特別検察官は10月30日、マネーロンダリングなどの罪でトランプ陣営の元選対本部長、マナフォート被告ら2人を起訴。同じ日にはパパドプロス被告の起訴も明らかになりました。

SNSに関する捜査も行なわれています。たとえば、交流サイト最大手の米フェイスブックがロシア疑惑を捜査するモラー特別検察官に対し、ロシアに絡む広告購入に関する詳細な記録を提出したと「ウォールストリート・ジャーナル」が報じています。※注6

実際には、たしかに、ロシア側が広告を購入することで大統領選のトランプを応援するといったことはあったのかもしれません。しかし、思い出していただきたいのですが、2016年の主なメディアの論調は、ほとんどクリントン候補を支持していました。SNSの些細《ささい》な広告で世論が変わったとはとても考えられません。

それよりも、スティーブン・バノンの率いるブライトバートのほうがよほど効果的にクリントン候補を追い詰めたといえるでしょう。それにクリントン元大統領の不倫疑惑において見られたような「精液のついた青いドレス」といった決定的証拠は、なかなか出てきません。真相はまだわかりませんが、ヒラリー・クリントンと彼女の支持層がいまだに大統領選における敗北を認められないために混乱が続いているように見えます。

ただ、今回の騒動をシニカルに眺めているのは、ロシアのプーチン大統領をおいて他はないでしょう。というのも、アメリカは、冷戦終結以降、ロシアと関係の深い国家、並びにロシアの周辺国家に対して体制変革に向け、間接的に干渉してきたためです。

ジェラルド・サスマンとサーシャ・クレダーの共著による論文「テンプレート革命：アメリカによる東欧体制変革のマーケッティング」には、そのプロセスが赤裸々に描かれています。

アメリカ側の「民主化促進」における制度的な枠組は、国務省、国際開発庁（USAID）、全米民主主義基金（National Endowment for Democracy: NED）から構成されていました。「NED」は1983年に、名目上は民間組織として創設されました。しかし、実際の出資者はアメリカ議会であり、他国の体制変換を、柔軟かつ透明性の高い方法で実現することを目的としたものです。

NEDに対して、国際共和党協会（International Republican Institute: IRI）、国民民主党協会（National Democratic Institute: NDI）、ジョージ・ソロスのオープン・ソサエティ協会が、公的資金を得て活動していました。

こうした動きは、1989年のポーランドの「連帯」への支援、1990年代の旧ユーゴでの政変と内戦につながりました。

たとえば、セルビアのミロシェビッチ政権が脆弱であると見ると、NDIはセルビアの野党指導部をポーランドに派遣しました。ポーランドの活動家からアドバイスを受けるためです。アメリカの世論調査会社であるペン・ショーン・バーランド社が、ミロシェビッチへの対抗候補として、ヴォイスラヴ・コシュトニツァを選び出しました。

クリントン政権の国務長官であったマデレーン・オルブライト、ドイツのヨシュカ・フィッシャー外相が、大統領選に立候補を検討していたベオグラード市長のゾラン・ジンジッチと野党の指導者ヴク・ドラシュコヴィッチをブダペスト（ハンガリーの首都）にまで呼び出し、大統領選への立候補を取り下げるように求めました。「IRI」と「NDI」もブルガリアやルーマニアで同様の会議を開催しました。ワシントンの眼鏡《めがね》にかなった親西欧の指導者を選出するためです。

興味深いのは、ミロシェビッチの対抗馬としてコシュトニツァが選ばれた理由です。それは、セルビアの有権者の間で「最も嫌われていなかった候補者」であったためでした。つまり、政治指導者がアメリカに資金提供を受けた組織によって選ばれていただけでなく、いわゆる「ピープル・パワー」による革命が、空っぽで実質のないものであったことを、この例は示しています。

ジョージア（グルジア、2015年4月より日本での国名呼称が変更されたので、それに準じます）におけるシュワルナゼ失脚も同様でした。

シュワルナゼは、ゴルバチョフの下で外相を務めた政治家でしたが、2003年にブッシュ政権に資金の融資を受けた投票監視団体により、「大規模な選挙違反」が発見され、失脚しました。ジョージアの反体制組織への資金援助の中にはジョージ・ソロスのオープン・ソサエティ協会からのものも含まれていました。ジョージアの青年反体制派組織であったクマラ（Kmara）は、ソロスからの資金を用いて、テレビ広告、ビラ、教育用資料、道具一式を購入しました。

そして、シュワルナゼ失脚のために、IMF（国際通貨基金）までもがジョージア向けの開発融資を停止しました。こうして、シュワルナゼは権力の座を去らなければならなかったのです。後に、シュワルナゼはこう述懐しています。

「若者が畑を持って走り回り、壁には落書きをしていた。私はこのことにもっと注意を払うべきだとは当時考えなかった。しかし、私が誤っていたのだ」

ウクライナを巡る政変

1991年のソビエト連邦の解体により、ウクライナはロシアから分離します。すでにエストニア、ラトビア、リトアニアは分離を決定していましたが、この分離により、ロシアは、176基の大陸間弾道ミサイル、そして、1240もの弾頭、戦略爆撃機などを失うことになりました。

その結果、ウクライナ軍は、元ソビエト軍の地上戦力、黒海艦隊、防空部隊から構成されることになりました。加えて旧ソビエトの軍需工場の30パーセントも引き継ぎました。核ミサイルは、後にアメリカとロシアの支援により処理されましたが、問題になったのは黒海艦隊、なかでも軍港都市「セヴァストポリ」の帰属についてでした。

1995年には、黒海艦隊の81・2パーセントをロシア、18・7パーセントをウクライナに、そして海軍の施設は半分ずつ分割することで合意が成立しましたが、実際には、ロシアもウクライナも、この取り決めには満足していませんでした。

ロシアのナショナリストは、クリミアをウクライナの所属にすると決定したフルシチョフの1954年の決定それ自体を何度も否定していました。また、ウクライナは、「ロシア軍は、いずれウクライナの軍事施設から出ていくので、それまでの暫定的措置だ」と考えていました。

こうした両国関係の不和をいっそう激化させたのが、ウクライナのNATO加盟問題でした。1997年7月には、ウクライナとNATOは、マドリードで「NATOウクライナ特別パートナー憲章」にサインすると、その後も順調に交渉を重ねていきます。そして、2008年のブカレスト（ルーマニアの首都）でのNATOサミットでは、ウクライナとジョージアの即時の加盟こそ見送られたものの、最終的にはNATO加盟国になるという共同声明が発表されたのです。※注7

仮にウクライナがNATO加盟国となった場合、NATOとロシアが直接対峙することになります。そして、セヴァストポリがロシアの黒海艦隊と並んでNATO軍の基地になる可能性があったのです。これがロシアにとって堪《た》えられない事態であることは容易に想像できます。

そのために、ロシアはウクライナの政治状況に介入するようになります。たとえば、2004年のいわゆる「オレンジ革命」は、モスクワがウクライナの政治に、その大統領選を通じて影響力を及ぼそうとし、失敗した例として語られています。

ロシア政府の代表は現職のレオニード・クチマ大統領に、親露派のヴィクトル・ヤヌコビッチを支持するように働きかけました。ヤヌコビッチはプーチンからの支持も受けていました。彼はウクライナ語に加えてロシア語も公用語にすること、ロシアとウクライナの二重国籍を認めること、EUやNATOとの関係を限定することを約束していました。選挙後、当局は、いったんはヤヌコビッチの勝利を宣言しましたが、対立候補であったヴィクトル・ユシチェンコは、選挙違反の証拠を提出し、その後3週間にわたって抗議活動を繰り広げます。ウクライナの最高裁は、大統領選をやり直すように命じ、次の選挙ではユシチェンコ候補が勝利を収めました。

また、2014年の「ウクライナ騒乱」では、2010年から大統領を務め、親露派であったヴィクトル・ヤヌコビッチが失脚し、国外に亡命しました。このウクライナ騒乱とは、2014年2月18日、反体制派の市民と警察の間に武力衝突が発生し、数日間で13人の警察官を含む、少なくとも82人が死亡し、1100人以上が負傷した事件です。

オレンジ革命にしても、ウクライナ騒乱に関しても、前述した「NED」や「USAID」といったアメリカ政府の外郭団体、それにアメリカの哲学者ジーン・シャープの理念を応用した平和的革命のためのノウハウを伝えるNGO（オトポール）の関与があり、とくにウクライナ騒乱では、アメリカの情報機関の工作員の関与が囁かれているようです。※注8
プーチン大統領がクリミア侵攻とウクライナ東部での紛争を起こした原因は、アメリカを中心とする西欧諸国の対応にしびれを切らせたためと考えられます。西欧諸国は、ロシアと国境を接する地域をNATOに編入することでロシアを羽交《はが》い締《じ》めにしようとしていました。ウクライナにおける度重《たびかさ》なる親露派政権の転覆には、力でもって対抗するしかないとプーチンは考えたのです。

ジョージアでの衝突

しかし、だからといってロシアを、米国流のグローバリズムの被害者として一方的に擁護することもできません。というのも、2008年の段階で、ロシアはジョージアと紛争を起こしているためです。この紛争に至るまでの経緯を「ハドソン研究所」のリチャード・ワイツ氏による論考をもとに見ておきましょう。

1991年5月に、ズヴィアド・ガムサフルディアが、「ジョージア人のためのジョージア」をスローガンに大統領に当選します。

ガムサフルディア大統領の当選には、ジョージア国内の反ロシア感情がありました。そのために、ロシアはジョージアに対するエネルギー共有をストップさせてしまいます。その結果、経済が混乱し、インフレが発生し、生活水準の劇的な低下が生じました。武装したギャングや組織犯罪も蔓延《まんえん》するようになりました。

これに、国内の少数派民族との抗争が加わります。そこには、「南オセチア」や「アブハジア」といった地域も含まれていました。これらの地域は、1992年から1994年にかけての内乱の時期に、事実上の独立を達成しており、その結果、トビリシ（ジョージアの首都）の政府を支持する数十万のジョージア人がこの地域から退去し、あるいは、追放されました。

失政が続いたガムサフルディア大統領は、退陣を余儀なくされます。その後を継いだのが、エドゥアルド・シェワルナゼでした。1992年3月、ジョージア国家評議会議長に就任し、ジョージアの最高指導者となるシェワルナゼは、ゴルバチョフ時代のソビエトの外相を務めていた人物です。

シェワルナゼは国家評議会議長就任後、ロシアとの関係改善に努めました。ロシアの「独立国家共同体」（CIS）にも加わり、アブハジアと南オセチアに対する軍事作戦も停止させました。さらには、ロシア軍の施設を、無期限にジョージア国内に置くことを認めたのです。1995年に新憲法が採択されると、同年11月に大統領に選出されました。

ところが、2003年の「バラ革命」によって、首都トビリシがデモ行進で埋め尽くされ、その結果、シュワルナゼは失脚します。彼の後任であるミハイル・サーカシビリ大統領がポストに就いた2004年から、ロシアの影響力が強い現状の改革に取り組み始めました。

サーカシビリ大統領は、トビリシの管轄を離れた「アジャリア」と、アブハジア、南オセチアを回復することを選挙公約に掲《かか》げていました。

アジャリアは自治こそ享受していましたが、アブハジア、南オセチアとは異なり、トビリシの影響力が及んでいました。サーカシビリ大統領は、アジャリアにジョージアの主権を重んじるように要求し、自治区の指導者は亡命しました。アジャリアと同様に、アブハジアと南オセチアにも、もう一度ジョージアの主権が及ぶようにしようとしたのです。

当時のジョージア政府の最大の懸念は、これらの地域でジョージアからの分離独立とロシアへの編入を求めるアジテーションを停止させることでした。その頃には、これらの地域の住民の多くがロシアのパスポートを持ち、ロシアルーブルを使用し、ロシアの年金を受け取

国連で領土保全を訴えるジョージアの前大統領サーカシビリ（ロイター＝共同）

ジョージア国内の少数派民族居住地域

っていました。２００８年8月にロシア・ジョージア間の戦争が勃発した時には、8万名の住民のうち、7万名がロシアの市民権を所持しているとロシア側が発表していました。ロシアは、これらの地域に年間予算の3分の2を供給していました。ジョージア国内に残されたロシア軍の基地も懸念材料でした。

その一方で、ジョージアがロシアの「世界貿易機関」（WTO）加盟に反対していることが、ロシアを苛立たせていました。また、天然ガスのパイプラインが、ロシアやイランを経由せずに、ジョージアを経由してカスピ海から地中海に建設する計画も、ロシア側には都合が悪かったのです。

サーカシビリ大統領は任期が終了する1年前に辞任し、2期目の大統領選に訴えました。欧米の選挙管理団体が注目する中で、サーカシビリ大統領は再選されます。彼は、さしあたりはロシアとの関係改善に向け努力しましたが、その一方で、NATOやEUに接近する政策を追求していました。２００８年の大統領就任直後には、ロシアとの関係もいったんは改善するのですが、アブハジアと南オセチアに関する対立は厳しく、両国の関係は再び悪化しました。

ジョージア政府は、ロシア政府がアブハジアと南オセチアの住人にロシア市民権を与え、ロシア大統領選に投票させていることを指して、「ジョージアの主権を尊重せず、国際的規範を逸脱している」と強く抗議しました。

ロシアが態度を硬化させた理由の一つには、同年2月のコソボ独立もありました。NATOやEUがコソボの独立を承認したことに、ロシアは強く憤《いきどお》っていたのです。

サーカシビリ大統領も、「まもなくコソボは国家承認される。この件は我が国を嵐の中にたたき込むことだろう」と述べています。コソボのように住民の投票によって国家の独立が決定されるのであれば、アブハジアも南オセチアも、ロシアの影響力の強い独立国として承認せざるを得なくなるためです。EUやNATOは、コソボ方式のジョージアへの適用は認めていませんでした。しかし、ロシアが黙って引き下がるはずもなく、ジョージアは危機的な状況に追い込まれることになったのです。

サーカシビリ大統領は、2007年末に、次の任期ではNATOに加盟すると宣言していました。2008年1月5日に実施された国民投票でも、7割以上がNATO加盟を支持していました。2008年2月に開催されたミュンヘン安全保障会議の席上で、サーカシビリ大統領は「若い民主主義国には強力なパートナーが必要だ」と述べ、西側諸国の協力を求め、3月19日には、ホワイトハウスでブッシュ（子）大統領と会談を行ないます。

この動きにプーチン大統領は、アブハジアと南オセチアの分離主義者と直接、法的・経済的関係を結ぶように命じます。4月29日には、ロシア外務省は、「ジョージア政府が分離主義者の地域を侵略する準備を整えている」と非難しています。

8月7日、ロシアの挑発により、ついにジョージア軍は南オセチアに侵攻します。ロシア軍はすぐさま反撃を開始し、翌日にはジョージア沿岸は海上封鎖されていました。5日間にわたる激しい戦闘の結果、ジョージア軍は撤退しました。

その結果、ジョージアとウクライナのNATOへの即時加盟は頓挫《とんざ》しました。※注9

以上のジョージアでの戦争の経緯からわかるのは、第一に、2014年のクリミア侵攻の原型となっているということであり、第二に、ロシアが強硬策に出た背景として、コソボ問題があったということです。

ロシアは冷戦終結以降も西側諸国と自国の影響圏を巡って戦ってきたともいえることから、冷戦は実は終了しておらず、「米ソの拮抗《きっこう》関係の上に冷戦終了後の国際関係は構築されてきた」と見なすことができるでしょう。

3節　ロシア侵攻の悪夢にうなされるヨーロッパ

東欧への侵攻準備か

ウクライナのオレンジ革命、ジョージアのバラ革命などの「カラー革命」では、ロシアの周辺国の親露派政権が、アメリカによる間接的な内政干渉により、次々と打倒されました。

しかし、今度はロシアがまったく同じ手法で西側諸国に対抗しようとしています。

チェコの防諜《ぼうちょう》機関「BIS」によると、ロシアは、ネット上の偽情報作戦で、EU、NATOといった組織の結びつきを揺るがそうとしているというのです。偽情報は、とくにシリア、ウクライナ紛争に関するものに集中しています。ロシア当局は、取材に対して何のコメントも発表していません。

これまでの例としては、チェコとポーランドの関係を悪化させるための工作、EUとNATOに関する偽情報の拡散、ロシアとの戦争の脅威の宣伝などが見られました。ロシアのエージェントはウクライナの評価を下げる工作、ウクライナの国際的孤立を推進する工作も行

なっていました。※注10

アメリカが東欧のカラー革命や中東の「アラブの春」で行なってきたメディア工作を、ロシアも行なうようになったのです。さらに、チェコ防諜機関の発表は、NATO加盟国のロシアの軍事演習に対する懸念と重なる部分があります。今度はバルト3国（エストニア、ラトビア、リトアニア）が狙われていると考えられています。

「産経新聞」が、2017年9月14日、ロシアとベラルーシが合同で行なった軍事演習「ザパド（西方）2017」を報じています。この軍事演習に、NATO加盟国がロシアへの警戒を新たにしました。

ロシア国防省は、「ザパド2017」に、両国から将兵計1万2700人、艦船10隻、航空機・ヘリコプター70機、戦車250両などが参加したと発表しましたが、西側諸国は、実際は10万人超が参加したのではないかと疑っています。

ロシア軍の将軍は「第三国に向けたものではない」と反論していますが、ロシアが2008年のジョージア紛争や2014年のウクライナ危機の際に周辺地域で大規模演習を実施していたこともあって、西側は懸念を強めているのです。※注11

また、2016年の10月には、ロシアが、核弾頭搭載可能な弾道ミサイル「イスカンデル」(Iskander)を、NATO加盟国のポーランドとリトアニアに隣接する飛び地カリーニングラードに再び配備しつつあると報道されています。

改良されたイスカンデルは最大射程が700キロメートルに達し、ドイツの首都ベルリンが射程内に入ります。記事は、ロシアが、2014年のクリミア侵攻と編入、2015年のシリア内戦介入で西側諸国との関係が冷戦終結以来の危機的状態にあるために、「今回の配備によって西側諸国に譲歩を迫る意図がある」とのリトアニア外相リンケビチュスの見方を紹介しています。

日本で北朝鮮の核の脅威が懸念されるようになりましたが、ヨーロッパでも同様にロシアの核が恐れられるようになっています。2014年のクリミア侵攻を考えれば、ロシアが東欧に侵攻するという可能性は否定できないのです。

「ロシア 対 NATO」の対立が東アジアへ

ウクライナ、ジョージアの例からわかるのは、ロシアが自国の領土、もしくはその影響圏に非常に執着するという事実でしょう。アメリカを中心とした西側諸国が、冷戦崩壊以降も、コソボ紛争、東欧と、ロシアの影響力が及ぶ国家の政変を間接的に支援していたのですから、ロシアの疑心暗鬼《ぎしんあんき》は理解はできます。ただ、ロシアの場合は、ジョージアの場合も、ウクライナの場合も実力行使を行なう際にためらいがありません。こうしたロシアの脅威を日本も改めて認識しておくべきでしょう。

そのために、ロシアが今後生じるであろう第三次世界大戦に参戦する可能性は高いといわねばなりません。仮に東欧諸国とロシアの間で紛争が生じた場合、すぐに東アジアにも飛び火することになります。逆の場合も当然成り立ちます。NATOが北朝鮮への軍事作戦に積極的に加わる姿勢を示しているのも、そうしなければヨーロッパの安全保障が維持できないからなのです。

ロシアが第三次世界大戦に参戦しそうな戦域は、東欧、極東の他に、中東を挙げることができます。中東の情勢も米露対立という軸で見れば、比較的わかりやすいでしょう。

7章　深まる中東の混迷

1節　アメリカの民主化政策が混乱をまねく

現状維持政策から民主化政策へ

意外に聞こえるかもしれませんが、アメリカが中東に積極的に関与し始めたのはブッシュ(子)大統領の時代からなのです。それまではどちらかといえば、アメリカは現状維持勢力でした。

たとえば、1953年に、アイゼンハワー政権は、イランのモサデグ首相と彼の共産主義者の同盟者であったツデー党を転覆することで、シャーの体制(王権)を維持しました。モサデグ政権の転覆は、アメリカと英国の直接的関与によって実現されましたが、ペルシャ湾にソ連の勢力を進出させないという現状維持政策に資するものでもありました。1956年には、短期間で終了したスエズ戦争において、エジプトに対立する英国、フランス、イスラエルに対してシナイ半島から撤兵するように介入しました。

そうした政策からアメリカが一歩踏み出すのが、1980年代です。イラン・イラク戦争末期の1987年には、イランがクウェートのタンカーをミサイルで攻撃し始めたことで、レーガン政権はすぐに報復措置をとりました。1979年のソビエトのアフガニスタン侵攻にも、イスラム聖戦士への支援を行ない、最終的にはソビエト体制を打倒しました。※注1

基本的には受動的だったアメリカの中東政策が大がかりな軍事介入に転換するのは、1991年の湾岸戦争からでした。ただ、この時ですら、アメリカは、クウェートを解放し、現状を復旧することで満足していました。こうした消極的な姿勢を根本的に覆《くつがえ》したのが、2001年の同時多発テロです。

同時多発テロの結果、ブッシュ大統領は、アフガニスタン、イラクでの戦争に次々に乗り出します。この一連のプロセスの中で、拡大中東地域の民主化という構想が具体化されます。

ブッシュ大統領は、民主化こそイスラム過激派のテロに対する長期の解決策であると信じていました。実際、2005年末に、全米民主主義基金（NED）について、次のように述べています。

「テロとの戦いにおける我々の戦略の鍵となる要素は、憎悪と後悔を中東全域の民主主義と希望で置き換えることで、今後の過激派のリクルートを阻止することである」

ブッシュ大統領は、中東を民主化することでテロを撲滅しようとしました。そこで、北アメリカから中央アジアまでを含む「拡大中東地域」(Greater Middle East)における中東全域の民主化という途方《とほう》もない計画が立案されたのです。

そのためのアフガニスタン、イラクでの戦争であったはずですが、これらの地域の民主化に関しては、とくにイラクでは内戦が過激化していたこともあり、当初想定されていたほど容易な事業ではないことが明らかになりました。実際、２００３年から始まるイラク戦争は、米軍に相当の被害を出すことになります。２０１１年末に米軍はイラクから撤退しますが、そのアフガニスタン駐留は、２０１７年末の現在も継続しています。

欺瞞に満ちた「アラブの春」

チュニジア、エジプトにおける「アラブの春」は、アメリカが民間組織を通じた巧みな準備の産物であり、アメリカの巧妙な民主化工作の結果でした。各国の国民の自発性も十分に認められますが、それでも、「アメリカ政府の戦略に従って計画され、指示され、見事に編成された陰謀」という側面を無視することはできません。

東欧の民主化で大きな役割を果たした全米民主主義基金（NED）、自由の家（フリーダム・ハウス）、それに、ジョージ・ソロスのオープン・ソサエティ協会といったNGOの関与を見れば、「アラブの春」はアメリカとは無関係であったとは言いづらいのです。実際、アメリカ国防総省は、エジプト民主化に向けた基礎研究を行なっており、エジプトにおける「アラブの春」の展開も、その理論的枠組みに従って忠実に展開されたものと考えられます。

しかし、それと同時に、「アラブの春」がもたらしたのは、チュニジアやエジプトといった世俗国家（宗教と国家が分離していること）の崩壊でもありました。そこで台頭したのがイスラム教のスンニ派勢力です。

一例としてバーレーンでの「アラブの春」を考えてみましょう。

この国では支配者層がスンニ派で、一般国民の多数がシーア派という構成になっています。バーレーンでの「アラブの春」は、発生と同時に、サウジアラビアの協力により激しく弾圧されます。この事例を取ってみても、「アラブの春」の実態が「スンニ派の春」であったことは明らかでしょう。そして「スンニ派の春」を推進した国家こそ、サウジアラビア、カタールといった湾岸諸国であり、トルコだったのです。なかでも、サウジアラビアは中心的な役割を果たしていました。

この「スンニ派」の春に最も抵抗したのが、シーア派のイランやレバノンのヒズボラでした。2011年に始まったシリアの内戦がなかなか終わる兆《きざ》しを見せなかったのも、サウジアラビアやカタールが支援するスンニ派の過激派組織と、この「スンニ派 対 シーア派」という対立が根底に横たわっていたためです。イスラム国が急激に成長したのも、この対立をうまく利用したためであるといえるでしょう。

2節　中東の盟主はプーチンか

アメリカからロシアへ

結果から言えば、シリア内戦におけるスンニ派とシーア派の対立は、イランとヒズボラを中心とするシーア派勢力、そして、その背後に控えていたロシアが勝利を収めたといえます。プーチンは、アメリカをはじめとする西側諸国から何度となく退陣を求められていたシリアのアサド大統領を擁護し、それに成功したからです。

最近では、イスラエル、トルコ、エジプト、ヨルダンといった国々はこぞって「クレムリン詣《もう》で」をしています。新しい「中東の覇者《はしゃ》」となったウラジミール・プーチンが、自国の利益を擁護して問題を解決してくれると希望しているためです。さらに、そこに、サウジアラビアのサルマン国王が加わりました。

ごく最近まで、これらの諸国の指導者が向かっていたのは、ワシントンでした。現在では、中東からアメリカの影響力は目に見える形で減退しているのです。

ブッシュ（父）からオバマに至るまで中東の和平交渉担当であったデニス・ロスは、次のように述べています。

「ロシアが現実を、地上の勢力均衡を変えた」

「プーチンは、ロシアを中東における主要なプレイヤーにすることに成功した。だから、中東諸国の指導者たちがモスクワ詣でに出かけるのだ」

ただ、成功には問題もつきまといます。ロスも、「すべての相手と交渉する立場を採用しようとすればするほど、ゲームを継続することが困難になる」と述べています。矛盾《むじゅん》する要求が積み上がるにつれて、すべての訪問者を満足させることが困難になるためです。

冷戦期間中のモスクワは、中東でも主要なプレイヤーでした。イスラエルに対抗するためにアラブ諸国に武器を供給していましたが、その影響力は、共産主義体制の崩壊と共に消滅してしまいます。アメリカが、サダムフセインを打倒するためにイラクに侵攻した時、ロシアは傍観者でした。できることといえば抗議ぐらいだったのです。

こうした状況が変わり始めたのが、2013年のことでした。この年の8月には、シリア政府軍による化学兵器使用疑惑が持ち上がります。その際に、当時のオバマ大統領もシリアに対する本格的軍事介入を検討しましたが、毒ガス事件の調査を求めたプーチン大統領に押し切られる形で、オバマ大統領はアサド攻撃を断念してしまうのです。これが、シリア内戦における大きな分水嶺《ぶんすいれい》となりました。

中東におけるアメリカの同盟国の大部分は、アサド退陣派でした。オバマ大統領がアサド大統領退位のための米軍派遣を断念すると、同盟国は大いに失望することになりました。

ロシアの勢力圏が拡大したのは、「オバマがそれを許したためだ」という見方が広まっています。この数年間、アメリカにアサド退陣を求めていたトルコのエルドアン大統領は、次のように述べていました。

「アメリカとの会談は、何の結果ももたらさなかった」
トルコは、紛争の鎮静化を図るために、現在ではロシアとイランに与《くみ》しています。「これは結果が出た」とエルドアン大統領は述べています。

中東諸国と関係改善するロシア

２０１５年11月に、トルコがロシア軍機を撃墜して、プーチンとエルドアンとの間で緊張が高まったことがありました。しかし、２０１６年7月のトルコにおけるクーデター未遂事件において、ロシア軍情報部が通信傍受から入手したクーデターの情報をいち早くエルドアン大統領に伝えたことで、ロシアとの関係は急速に改善します。

その一方で、シリア難民の問題を巡り、従来緊密な関係を維持してきたドイツとは、決定的に対立することになりました。２０１７年9月29日には、プーチンはトルコの首都アンカラに飛び、エルドアンと夕食を共にしました。そして、ロシア製の「Ｓ－４００」防空ミサイルシステムをトルコが購入することに合意しました。

サウジアラビアは、アサド大統領に対抗して戦う反乱兵士に資金提供を行なってきました。それが、現在では、平和会談に向けて反対勢力間の調整を図るために、ロシアと協力しています。その結果、シリアの指導者の立場は強化されているのです。

サウジアラビアと他の湾岸諸国は、ロシアに対し、シリアにおけるイランの役割を減少させるように求めています。イランに支援を受けたヒズボラや他のシーア派の民兵が、アサド政権に軍事力を提供していたためです。しかし、クレムリンに近い筋によれば、プーチンは、サウジアラビアの要望にもかかわらず、イランへのスタンスを変えようとはしていません。

イスラエルのネタニヤフ首相は、この18カ月で4度ロシアを訪れています。ネタニヤフ首相も、ロシアを揺るがすことは容易ではないと考えています。

2017年8月に、ネタニヤフ首相は、イランのシリアにおける勢力拡大は「受け入れられない」と告げました。9月には、「イランは、中東を破壊し、征服するために、シリアを『植民地化』しようとしている」とCNNに語っています。

しかし、モスクワの関係筋によれば、ロシアは、イランやヒズボラの軍隊をイスラエルの国境から60キロメートルのところで足止めしてシリア内での緩衝地帯にするというアイデアを拒絶しました。その代わりに、ロシアは、5キロメートルの立ち入り禁止区域を提案しています。

ロシアはまた、ユーフラテス川をシリア政府軍と、東部シリアの米軍に支援を受けた軍の境界にしたいという米国の要求を拒絶しています。その結果、戦略上重要で原油が豊富に埋蔵されている地域を巡って領土獲得競争が続けられています。

ロシアは、イラン、サウジアラビア、ハマスのようなパレスチナ過激派から、イスラエルに至るまで、すべての周辺諸国と交渉のチャンネルを維持することに成功しています。※注2

こうして見れば、現在の中東の盟主はアメリカではなく、ロシアだという見方も成立するでしょう。少なくとも、冷戦の崩壊以降、東欧の民主化で追い詰められていたロシアが中東で反撃に成功しているとはいえそうです。

ただ、経済的な面からすれば、影響力はそれに対応していないように見えます。ロシアのＧＤＰは、アメリカの13分の1にすぎません。東京都の予算規模よりも少し上回る程度です。ロシアの次の関門は、「自国の経済が立て直せるかどうか」ということになりそうです。

3節　カタール断交の裏側

疑惑

イスラム国が消滅しつつある中で、中東で大きな問題となったのが、サウジアラビアなど湾岸諸国によるカタールに対する断交措置でした。

話は2015年にさかのぼります。イラク南部で鷹狩《たか》りをしていたカタールの首長家メンバーを含む多数のカタール人が、何者かに誘拐される事件が起きました。イラクでも大きく報じられたこの事件が解決したのは2017年の4月でしたが、「フィナンシャル・タイムズ」によれば、10億ドルの身代金が支払われ、その相手がイランであり、アルカイダの関連組織であったというのです。

10億ドルのうち7億ドルがイラン人とイラクのシーア派民兵に支払われ、2億ドルから3億ドルがアルカイダに関連があるシリアのイスラム原理主義団体「タハワール・アル・シャム」(Tahrir al-Sham) に渡ったと報道されています。その結果、26名のカタール人と50名の民兵が解放されました。

イラクのシーア派民兵の指導者によれば、この一件でイランは4億ドルを手に入れたとされます。シーア派民兵組織も支払いの分け前には不満があるようです。

「イランが身代金のほとんどを横取りしたんだ。そのために我々の組織の内部にも不満を感じている者がいる。これは取引ではないからだ」とその指導者は訴えています。

実際のところ、オバマ政権も、イランに捕えられていたアメリカ人を釈放させるために、17億ドルを現金で支払っていますから、今回の事件が問題になること自体がおかしいともいえます。※注3
「フィナンシャル・タイムズ」の報道では、この身代金支払いが断交の原因であったとされていますが、それには割り切れないものがつきまといます。

カタールの運命を決したのは、2017年5月21日にリヤドで開かれた湾岸諸国の会議でした。これにはアメリカも参加しています。この会議の場で、トランプ大統領は、カタールを名指ししてヌスラ戦線（スンニ派の過激組織）の後身組織である「ファター・アル・シャム」に資金を提供していると非難しました。

これが先に述べた身代金に当たるものであると考えられます。それに加えて、トランプ大統領は、カタールが支援している「ムスリム同胞団」もアメリカがテロ組織として指定すると発表しました。

サウジアラビアとアメリカは、カタールのイランとの良好な関係に苛立っていました。しかし、カタールには、イランとは良好な関係を継続せざるを得ない事情があります。というのも、この両国はペルシア湾にある「ノースドーム・サウスパースガス田」を共有しているためです。しかも、カタールの産出量のほうが多いのです。

サウジアラビアはバグダッドで開催されていたカタールとイランの秘密会談にも注意を払っていました。この会談に出席していたのは、カタール外相のモハンマド・ビン・アブドゥルラーマン・アル・ターニーと、イラン革命防衛隊の精鋭部隊であるクッズ軍司令官カセム・スレイマーニでした。クッズ軍はイランの対外工作を一手に引き受けている機関です。こうした点も目をつけられるきっかけとなったのでしょう。

カタールは、5月の首脳会談の後、外相、広報担当、パレスチナ問題顧問らが対応を協議しています。

当初、このカタール断交は、米軍にとっては困った方針であるように見えました。カタールの首都ドーハ近郊のアルウデイド空軍基地には1万人規模の米軍が駐留しているためです。しかし、「カタール外し」は想像以上に進行していました。驚くべきことに、カタールの米軍基地移転の議論が5月からワシントンで行なわれていたのです。

アルウデイド基地は、米軍の中東での中心拠点であり、長年、カタールの事実上の「生命保険」として機能してきました。中東全域の米軍を指揮下に置くアメリカ中央軍の司令部が置かれ、アフガニスタン、イラク、イエメンなどで展開する米軍の作戦は、すべてこの基地から指揮されています。

しかし、今回のカタール断交をきっかけにしてペンタゴン内部でも、別の場所への基地移転の声が上がっています。前述のデニス・ロスは、しばしば、サウジアラビアのテレビ番組で、アメリカ中央軍のサウジアラビアへの移転を口にしています。

また、5月末に民主主義防衛基金（ＦＤＤ）がワシントンで主催した会議の席上で、下院外交委員会議長のエド・ロイスと、アラブ首長国連邦に近いロバート・ゲイツ元国防長官は、共にこの地域での最大の米軍基地をカタールに置くことに疑問を提起しています。さらに、エド・ロイスは、「パレスチナのテロ組織ハマスとテロ組織に関連したムスリム同胞団に金融的に支援を行なう国家に対して制裁を準備している」と付け加えました。この制裁の対象は言うまでもなくカタールです。※注4

ヒラリーのメール

しかし、カタールだけがイスラム過激派の支援国家ではありません。アルカイダやイスラム国を育ててきたのは、実際上、サウジアラビアとカタールの2カ国です。とくにシリアの内戦においては、アルカイダ系の旧ヌスラ戦線などを支援してきたのは、公然たる事実といってよいでしょう。

たとえば、2014年8月17日にヒラリー・クリントンが、ビル・クリントン政権の大統領首席補佐官で、当時のオバマ大統領の顧問を務めていたジョン・ポデスタに送ったメールの中で、「サウジアラビアとカタールがイスラム国などのイスラム原理主義組織の主要な資金提供者である」と認めていました。

ヒラリーは、イスラム国を打倒するために、空軍力、クルド人部隊などの同盟軍などと共に、アメリカの特殊作戦軍を使用し、その上で、サウジアラビア・カタールの両政府に外交インテリジェンスを用いて、圧力を掛けるべきだと提唱しているのです。さらに、クルド人部隊への支援を増強することも付け加えていました。

さらに、ヒラリーは、次のように告げています。

「カタールとサウジアラビアは、スンニ派世界の盟主としての地位とアメリカからの圧力の間でバランスを取ることを迫られるだろう」

このメールの内容の暴露は、サウジアラビアにとってもショックであったはずです。イスラム国に資金援助を行なっていた国々——サウジアラビア、エジプト、アラブ首長国連邦(UAE)、バーレーンがこぞってカタールに強硬な姿勢を取るようになったのは、自らが、かつてはイスラム過激派に加担していたことを隠したかったためであるようにも見えます。

サウジアラビアは、昔の友人であるカタールを裏切ってでも、自国だけが助かろうとしているのです。原油安が続く中で、国営石油会社サウジアラムコの株式上場は何としてもやり遂げなければなりません。いま、アメリカとの関係が悪化するのは、何としても回避しなければなりません。結局のところ、今回のカタール断交は、アメリカ、とくにトランプ大統領へのご機嫌伺《うかが》いだったといえるでしょう。

イランやロシアとの関係を責められたカタール

今回の断交に至るもう一つの原因として伝えられているのが、カタールの首長タミーム・

ビン・ハマド・アル・ターニーの「親イラン」発言です。

2017年8月23日の「カタール通信」は、タミーム首長がイランなどを擁護する発言をしたと報じました。イランと対立するサウジアラビアなどアラブ諸国は、これをきっかけにカタールがテロを支援しているとの非難を一気に強め、断交を発表したというのです。

この一件は、5月23日からサウジアラビアの衛星通信ネットワーク「アルアラビーヤ」が、タミーム首長の問題発言として伝えていました。カタール通信のサーバーはダウンし、カタールの「アルジャジーラ」は、「カタール通信はサイバー攻撃を受けた」と発表しました。それにもかかわらず、アルアラビーヤは、カタールへの攻撃を繰り返したのです。

ここでCIAは、タミール首長の問題発言にしても、カタール通信へのサイバー攻撃も、すべてロシアが関与したものだと主張し始めます。これが事実だとすれば、カタールの「冤《えん》罪《ざい》」は晴れますが、「ロシアが悪」という結果が残ることになります。

問題の核心は、ロシアにあるのではないでしょうか。そうした視点からカタールの動向を見直すと、興味深い事実が浮かび上がります。

実は、CIAは4月末の段階で、スイスに本拠を持つグレンコア社とカタール投資庁が、ロシアの石油会社ロスネフチの株式を19・5パーセント獲得していることを把握していました。この取引の仲介となったのが、シンガポールに登録されているGHQシェアーズ社です。GHQシェアーズ社の親会社はロンドンに本拠を持つGHQホールディングス社であり、その株主はGHQケイマン社を除いて明らかになっていません。

グレンコア社とカタール投資庁は、GHQホールディングス社の株式を保有していますが、ロスネフチ社の102億ユーロの株式に対して、グレンコア社は、3億ユーロ、カタール投資庁は25億ユーロを購入しました。グレンコア社とカタール投資庁は、今回の購入に必要な資金としてイタリアのインテサ・サンパオロ銀行から52億ユーロ借り入れています。この件に関して、CIAは調査を継続しています。※注5

カタールは、ガス田をイランと共有している以上、イランとは融和的な姿勢を維持せざるを得ません。そこを狙われたのが、今回のカタール断交であったといえます。サウジアラビアにとってみれば、サウジアラムコの株式上場とイエメンでの戦争の継続（内戦への介入）にはアメリカの助力を欠かすことができません。そのために、アメリカからの要求には逆らえない事情があります。

今回のカタール断交は、第一義的には「対イラン包囲網」の強化になります。それと同時に、「ロシアに対する牽制」でもあります。

ただ、今回のカタール危機で、カタールが一方的に孤立していたわけではありません。オマーンは、商船団を用いて、食料をドーハに輸送しました。モロッコも、国王モハメド4世の直接の指示によりカタールに与しています。これは、カタールを孤立させると、「アラブの春」のような混乱が生じかねないと判断したためです。

そこに、トルコによる食糧支援が加わります。イランは、サウジアラビアやUAE上空を飛行できなくなったカタール航空に対して、領空の飛行を許可しています。クウェートは、サウジアラビアとカタールが加盟する「湾岸協力会議」(GCC)の崩壊を望んでいません。そのために積極的に仲介に乗り出しています。

とはいえ、最も巧みな外交を見せたのが、やはり、ロシアのプーチンでした。彼は、カタールの支援をすぐに表明し、サウジアラビアへの批判は行ないませんでした。というのも、断行の数日前に、モハンマド・ビン・サルマン皇太子がクレムリンを訪問していたためです。その目的は、シリアと原油価格を巡る協議のためであったと考えられています。

結局のところ、プーチンにとって、一方ではシリアの過激派を殲滅《せんめつ》し、他方で湾岸のピースメーカーとなることには何の矛盾もありません。むしろ、全体としてみれば、今回のカタール危機では、覇権国家アメリカへの中東諸国の信頼を損《そこ》なった点で、トランプの大きな失策であったといえるでしょう。

4節　中東諸国の合従連衡《がっしょうれんこう》

巻き返すイスラエル

トランプ政権の成立によって、中東で最もモーメンタム（勢い）を得たのがイスラエルでしょう。トランプ大統領の女婿《むすめむこ》であるジャレッド・クシュナーは、大統領選前のネタニヤフ首相とトランプ候補の会談に駐米イスラエル大使と共に立ち会っていたほどです。トランプ政権成立後は、ホワイトハウス上級顧問として、中東の問題に積極的に関与しています。オバマ政権の時のアメリカとイスラエルのぎくしゃくした関係からみれば、天と地の開きがあります。

そのイスラエルの軍参謀総長が、国交のないサウジアラビアのメディアのインタビューに応じたことを「ＮＨＫニュース」が報じました。彼は、共通の敵国イランに対抗するため、「イスラエルは経験や情報を共有する用意がある」と述べて、サウジアラビアに向けて異例ともいえる連帯を呼びかけています。

また、2017年11月14日には、レバノンの新聞がサウジアラビア政府内部の機密文書を入手した内容として、「サウジアラビアとイスラエルは協力してイランの脅威に対抗し、経済制裁を強化するよう、アメリカなどに働きかけることで一致している」と伝えています。

※注6

アメリカのホワイトハウスにいるクシュナー、サウジアラビアのサルマン皇太子、それにイスラエルのネタニヤフ首相の間で三国同盟が結成されたと見ることも可能でしょう。

そして、イスラエルにとっては、イランが最大の仮想敵国になります。そのイランに核・ミサイルに関する技術支援を行なってきたのが北朝鮮でした。イランに関しては「一帯一路」の一つの経路にもなっています。とするなら、「イランと深い関わりを持つ国」あるいは、「深い関わりを持ちそうな国」は、イスラエルにとっても仮想敵国に準じるといえます。

そして、イランと深い関係を持つ可能性が最も高い国といえば、中国なのです。

したがって、イスラエルが、中国と厳しく対立するインドに接近するのは自然な成り行きです。実際に、ネタニヤフ首相は、2018年1月にインドを訪問する予定になっています。モディ首相のイスラエル訪問から1年も経《た》たないこの時期のインド訪問は、両国関係の大きな質の向上をもたらすと見られています。防衛問題、対テロ対策、開発、研究、通商パートナーシップ、それに西アジアの開発が今回の議題となる見込みとなっていますが、なかでも目玉になるのが共同の武器製造になりうると情報筋は述べています。※注7

このように、イスラエルの動きを追跡するだけでも、イラン包囲網が形成されつつあることが確認できます。

ロシアを中心に結束するイラン・トルコ

こうしたイスラエルの動きに対して、ロシアやイランもトルコと共に新たな中東新秩序を建設しようと努力しています。

その一例が、ロシアのプーチン大統領とイランのロウハニ大統領、トルコのエルドアン大統領による首脳会談でした。「産経新聞」の報道によると、この首脳会談は、２０１７年11月22日、ロシア南部ソチで開催され、シリア内戦終結後を視野に入れた協議が行なわれました。エルドアンとロウハニは、プーチンが提唱したシリアのアサド政権と反体制派が国家の将来像を協議する「シリア国民対話会議」の開催に支持を表明しました。※注8

また、その前日の21日には、この３カ国の軍指導者による会談も行なわれていました。この会議に出席したのは、イラン軍のモハマド・バケリ参謀総長、ロシアのバレリー・グラシモフ参謀総長、トルコのフルシー・アカール軍参謀総長でした。

バケリ参謀総長の提案で行なわれたこの協議は、最近、「イスラム国」によって最後まで占領されていたシリアとイラクの地域の解放に引き続いて行なわれました。

彼らは2017年初頭から、シリア政府と野党の間の協議を仲介していました。今回の会談では、アラブ諸国の4つの緊張緩和地域が設定されることになりました。※注9

トルコはNATO加盟国でしたが、現在ではむしろロシアに与していると考えるべきでしょう。このように、中東は、アメリカ・イスラエル・サウジアラビアを中心とした陣営と、ロシア・イラン・トルコを中心とした陣営に分断されつつあります。北朝鮮のミサイルや核技術がイランに持ち込まれれば、自動的に中東も紛争に突入する可能性が高くなります。東欧と同じく世界戦争の危機は高まっているといえるでしょう。

8章　朝鮮危機から第三次世界大戦へ

1節　動けない米軍

予算削減で機能不全

それでは最後に、これまでの議論を踏まえて北朝鮮問題の今後と世界大戦の可能性を考えることにしましょう。

メディアでも、米朝間での軍事衝突が起きるという可能性がしばしば取りあげられています。2章で紹介したＲＵＳＩのチャルマーズ教授の論文でも、全面戦争と地上戦の可能性に触れられていました。

最初に私見から述べれば、少なくとも２０１８年のうちに極東で大規模な軍事紛争が発生する可能性は低いだろうと見ています。とくに米軍による先制攻撃の可能性は、見かけよりもかなり低いというのが本当のところではないでしょうか。

その理由は、チャルマーズ教授による「北朝鮮への限定的攻撃はかなり困難であり、全面戦争に転化する可能性が高い」という分析が、かえってアメリカの攻撃を躊躇《ちゅうちょ》させるだろということです。

韓国に対して事前の通知を行なわなければ、ある程度の成果は上げられるかもしれません。ただ、それでは米韓の同盟関係は破綻するであろうことは、チャルマーズ教授も指摘したとおりです。なにより、朝鮮半島の安定のために米軍兵士の生命を危険にさらす可能性は極力避けたいとアメリカは考えているはずです。米軍が攻撃する可能性があるとすれば、北朝鮮と中国の国境に設けられた橋梁へのピンポイント攻撃でしょう。

米軍の先制攻撃が考えにくいもう一つの理由は、現時点で、極東におけるアメリカの軍事作戦能力に問題が生じているためです。そこには「予算強制削減」(Sequestration) というオバマ政権の負の遺産が関わってきます。

予算強制削減とは、２０１１年の「予算管理法」の条項です。財政赤字を減少させるために、議会とホワイトハウスが目標とする予算削減に合意できない場合、予算を強制的に削減するという措置です。

この予算の強制削減措置は国防総省にも適用されました。オバマ政権下の２０１３年から実施されていますが、軍の首脳部は次々とその弊害を訴えています。

まず、マティス国防長官が、２０１７年６月の下院の軍事委員会で次のように述べています。

「私が軍役を退《しりぞ》いたのは、予算の強制削減が実施されて3カ月経ったときのことだ。それから4年経って私は国防総省に戻った。すると私は、軍の戦闘即応体制を目にしてショックを受けた。戦争の間は、我々の軍の損失に胸を痛めたものだが、戦場におけるいかなる敵と比べても、予算の強制削減ほど軍の即応能力を傷つけたものはない。米軍がストックに、より重い負担を担《にな》ってくれているお陰で、我々はアメリカの海外での活動能力を辛うじて維持しているのである」※注1

国防総省のトップのマティス長官が「予算の強制削減ほど軍の即応能力を傷つけたものはない」と述べていることからもわかるように、このオバマ政権の遺産により、米軍には過度の負担がかかっているのです。軍上層部も、このことを懸念しています。

たとえば、2016年の上院軍事委員会において、ダニエル・B・オーリン陸軍参謀次長（当時）は、「不確かで制約的な予算環境が米陸軍に厳しい選択を迫っている」と述べています。陸軍は、戦力を削減することで膨大なリスクを受け入れており、その一方で、近代化プログラムやインフラ投資を抑制しているというのです。

また、海軍作戦部副部長のミッチェル・ハワード提督は次のように述べています。

「海軍は、安定した予算と船舶を確実に調達し、維持できることを通じて即応力のある艦隊を維持できる」

「この数年の（予算削減措置による）波及効果に関しては、整備のための時間が失われただけではなく、要員の資格取得時間も失われた。そして、その経験は取り戻すことができない」

つまり、海軍もまた、要員の訓練不足を指摘しているのです。

海兵隊に関しても、事情は同様です。海兵隊のジョン・パクストン・ジュニア大将は次のように述べています。

「（海兵隊の）メンバーは戦闘即応能力があり、世界中に展開されている。こうした姿勢を維持するためには、限られた資金を注意深く分配し、財政上の制約をうまく処理する必要がある」

「困難な予算制約の下で、我々はこれらのバランスを維持することに懸命になっている」

「現在の即応体制を維持し、それと同時に装備を一新し、施設を維持し、将来の即応体制のための近代化するにあたっては、海兵隊は、もはや健全な状態にはない」

「多くの分野の中でも、人員と装備へのしわ寄せが大きい。とりわけ、航空機、通信、インテリジェンスの分野においてその傾向は著しい」

空軍もまた、文民の空軍要員への悪影響が指摘されています。新技術への投資不足から、開発のための人材が流出しているのです。※注2

現在の米軍が予算不足から十分に機能していない例を具体的に見ていきましょう。

オーバーワークの海兵隊

予算の強制削減措置の下で、海兵隊には相当の負担を強いられています。

たとえば、沖縄に配備されている海兵隊第3遠征軍は多忙を極めています。彼らには、ビーチ、サンゴ礁、スキューバダイビングを楽しむ時間はありません。作戦行動命令が次々と出されるために、太平洋全域を常に往復しているためです。海兵隊第3遠征軍に属する第31遠征隊のある大佐は、その実態を「ハムスター・ホイール」（gerbil wheel：ハムスターのように回し車の中で走り続ける）と自嘲《じちょう》気味に呼んでいるほどです。海兵隊によれば、太平洋軍の管轄にある20数カ国のすべての国に、第3派遣軍の海兵隊員たちは、1日で移動できるとのことです。

10年前、沖縄は、イラクとアフガニスタンに常時配備されていた「キャンプ・ルジューン」と「キャンプ・ペンドルトン」の兵士たちにとって、沖縄は、激しい展開のサイクルのなかでは、休息の場所でした。

しかし、今では、中東への展開はまれになっています。一方のアジアでは、北朝鮮のようなホットスポットや、この地域での激しい地政学上の競合関係のために、海兵隊第3遠征軍は、沖縄、ハワイ、岩国《いわくに》、それにオーストラリアのダーウィンへと頻繁に派遣されています。

2018年度、やはり海兵隊第3遠征軍に属する第3師団では、一つの小隊規模のものから大隊規模のものまで、70もの演習などが計画されています。同師団は、フィリピン、韓国、グアム、タイ、そして、日本本土周辺に大規模な展開をしています。

アジアでは作戦がミックスされているために、海兵隊第31遠征隊には、独自の展開サイクルが課されています。米国に拠点を置く陸軍の他の6つの海兵隊部隊とは異なり、前方に配備された第31遠征隊の配属は、通常の6カ月または7カ月の期間よりはるかに短く、かつ頻繁に行なわれます。

ダーウィンのオーストラリア軍を除いて、各歩兵大隊と砲兵砲兵隊は、沖縄から何らかの形で派遣されて3～4カ月を費やすことになります。

前述の大佐は次のように述べています。

「沖縄やハワイに加えて、フィリピン、キャンプ・フジ、そして通常は韓国に分隊がある」

「航空機と地上の施設を組み合わせて、国から国へと海兵隊とその機材を移動させるには、部隊のスタッフの計画と実行力が必要になる。これは米国本土での訓練では不可能なものだ」

大隊のスタッフが、それぞれが異なる国に展開する複数のコマンドグループに分割されるのは珍しいことではありません。

たとえば、ある大隊に、ライフル中隊と軽装甲《けいそうこう》偵察中隊があったとすれば、偵察中隊と海兵隊兵站《へいたん》グループは北海道で自衛隊と演習、大隊司令部とライフル中隊は韓国で韓国海兵隊と演習といったことがあります。その間にも、同じ大隊の別のライフル中隊がシンガポールとインドネシアに派遣されます。その大隊はいったん韓国に集結した後に、沖縄に帰還するといった任務も見られるのです。※注3

こうした無理な移動の背景にあるのは、中国軍の成長です。そのために、海兵隊は、とくに東シナ海と南シナ海周辺での部隊運用テンポを加速させることを余儀なくされています。中国の封じ込めのために、海兵隊員がシンガポール、マレーシア、ベトナム、インドネシアなどの国々と頻繁に安全保障協力演習を行なうようになっています。

中国とのもう一つの衝突点は、東シナ海の無人島である尖閣《せんかく》諸島です。沖縄の海兵隊員たちは、中国軍がこれらの島に侵攻した場合に、水陸両用戦に備えるために、自衛隊と並行して作業を行なっています。

もし、北朝鮮が韓国を侵略すれば、海兵隊第31遠征隊は先頭で突入する部隊になります。その部隊が現段階でオーバーワーク気味というのですから、尋常《じんじょう》ではありません。

訓練が行き届かない第7艦隊

問題は、海兵隊だけにとどまりません。2017年に入ってから米海軍、とりわけ西太平洋・インド洋を担当する第7艦隊で事故が相次いでいます。6月17日には、誘導ミサイル駆逐艦「フィッツジェラルド」が日本東岸沖で貨物船と衝突し、乗組員7人が死亡しました。8月21日には、同駆逐艦「ジョン・S・マケイン」がシンガポール沖で商船と衝突し、やはり乗組員10人が死亡しています。

米海軍は11月1日に、2件の事故についての調査報告書を公表し、両事故とも「回避可能」だったと結論づけています。いずれの衝突においても、調査報告書は、艦橋の士官と水兵の致命的な誤りによるものであったことを明らかにしています。

たとえば、両方の事件で、艦橋の水兵は艦内全域に対して警報を発することができませんでした。これは海軍の標準的な手続きであるにもかかわらずです。海上の船舶は、近づいてくる船との衝突に備えて、クルーに警戒を促すために、5度警笛を鳴らさなければなりません。いずれの衝突事件でも、そうした措置は取られませんでした。艦橋の見張り番は、接近してくる船との間で通信を試みようとせず、また、デッキの下のクルーも付近の他の艦船も、警告を受け取っていませんでした。これも海軍の標準的な手続きに反していました。

この2つの事件は、日本に駐留する第7艦隊、そして、広くは米海軍の基本的な練度に疑問を差し挟むものとなっているのです。※注4

事故が頻発している背景には、ミッチェル・ハワード提督も述べているように、予算の強制削減により、整備のための時間や、要員が資格を取得する時間も失われたことが大きく影響しているものと考えられます。

とくに問題視されているのが、「リスク評価管理計画プログラム」(risk assessment management plan program)、略して「ＲＡＭＰシステム」という制度です。これは、正規の訓練を受けた水兵や士官でなくとも艦船を稼働できるという便利なシステムですが、訓練不足によるマンパワーの不足を、肝心の訓練を回避することによってカバーするという慣行がどうも一般化していたようなのです。※注5

このような訓練不足の状態で、イスラム過激派のようなテロリストを相手にするのならまだしも、核戦力を備えた国家と近代的な戦争を完遂《かんすい》できるものでしょうか。トランプ大統領がどれほど戦争を仄《ほの》めかそうと、現在のアメリカには戦争を遂行する能力は残されていないと考えるべきでしょう。

トランプ政権の予算が最初に執行されるのは２０１８年からです。したがって、沖縄海兵隊の過密スケジュールや第7艦隊の訓練不足といった問題が解消されるのは、それからさらに1年以上経った2019年以降になります。

さらに付け加えるならば、中東のアフガニスタンやシリアに現時点で展開されている1万人を超える兵員をできるだけ撤退させることも必要になるはずです。二正面作戦は避けなくてはなりません。それまでは、アメリカは極東で本格的な軍事作戦を行なうことができないのです。

2節 「北朝鮮の春」は、あるか

北朝鮮エリートの懸念《けねん》を打ち消してやることが重要

米軍が「動けない」とは言わないまでも、「動きづらい」という環境において、トランプ政権がツイッターでの恫喝だけで満足しているとは考えられません。北朝鮮の2017年11月29日のミサイル実験では、ICBMがワシントンを含むアメリカ東海岸にまで達すると分析されているのは事実です。

アメリカの本土がいつ核攻撃を受けるかわからないという状況は、1962年のキューバ危機と並ぶ国家安全保障の危機といえるでしょう。キューバ危機とは、旧ソビエトがキューバに核ミサイルを設置して時のケネディ政権を恫喝した事件でした。日本もその危機に直面しているのはいうまでもありません。つまり、今回の北朝鮮の問題は、極東に限らず、世界のパワーバランスを一変させる重大な案件なのです。

とするならば、アメリカでも相当慎重に北朝鮮への対抗策を検討しているはずです。アメリカの政策決定過程は、特に大きな政策を決定する場合には、「問題→シンクタンクでの検討→国内的な政策の調整→政策の実行」というパターンになることが多く、この図式にそのまま当てはまるのが、いわゆる「アラブの春」でした。

「アラブの春」における問題とは、中東諸国には独裁者が多く、民主化が遅れているということでした。次に、「中東の民主化を推進するにはどうすればよいのか」が、シンクタンクで検討されました。その結果、「SNSを用いた平和的な体制改革」というプランが提示されます。その後で、アメリカ国内の各機関での調整が進められます。具体的には、「NPO（NGO）を用いた平和的革命の方法論の伝授がアメリカ政府の補助金で実行される」といった具合です。さらには、フェイスブック、グーグルなどの企業も協力しています。

このように、「アラブの春」は、アメリカ政府が事前に準備を整えて、あくまで間接的に働きかけることで実現していました。※注6

今回の北朝鮮危機に臨む際も、プロセスは同じです。政策決定過程でカギになるのが、「シンクタンクでの検討」の部分です。「アラブの春」の場合、これを行なったのが、ランド研究所でした。今回も、ランド研究所での研究成果が参考になるはずです。

ランド研究所のホームページには、ブルース・ベネット研究員の論文「朝鮮半島統一に向けた北朝鮮エリートへの準備」(Preparing North Korean Elites for Unification) が掲載されています。※注7

ベネットは、国際問題・防衛問題の研究員であり、主に、将来の韓国の軍事力、朝鮮半島の軍事バランス、韓国や日本における北朝鮮の化学生物兵器の脅威への対抗策、北朝鮮崩壊への対応策、朝鮮半島の緊急事態に対する中国の介入の可能性、北東アジアにおける安全保障環境の変化、核の脅威の抑止などを専門とする、朝鮮半島問題のエキスパートです。

この論文が扱っているテーマは、様々な朝鮮統一のシナリオにおける北朝鮮エリートの懸《け》念《ねん》です。つまり、韓国に北朝鮮エリートが「朝鮮半島の統一」に関してより前向きになれるように、少なくとも抵抗を持たないようにするべきだと提唱しているのです。

北朝鮮は、「韓国主導の統一」は北朝鮮のエリートにとって災難となるだろうとしきりに宣伝してきました。この恐怖感を用いて、エリートを体制につなぎ止め、「朝鮮半島の統一」というアイデアに敵意を持ち、抵抗するように仕向けているのです。北朝鮮のエリートの視点を変えないかぎり、「平和的な統一」が達成されると想像することは困難だろうと述べています。

また、ベネットは次のように述べています。

「北朝鮮のエリートが統一が彼らにとって有利だと感じられるようにするには、5つの条件がある。その条件とは、彼ら個人の身の安全と保証、社会的地位の維持、富の維持、家族の安全と特権の維持、それに、祖国に貢献できることである」

この論文は、「朝鮮半島の統一」を予測している訳ではありません。そのための条件はいつでも揃う可能性があり、その準備を推奨しているのです。また、「統一」政策において、韓国政府が緊急に考慮しなければならない分野を指摘しています。北朝鮮のエリートがこれらの政策の真実性を信じるには時間（おそらくは数年）がかかります。韓国政府が「統一」の前後までこれらの政策を発表するのを控えれば、北朝鮮のエリートはそれを信じようとはしないでしょう。

「統一朝鮮」の政府において、多くの北朝鮮エリートが役割を継続できるように計画することで、韓国は「朝鮮半島の統一」を表明できるというのが、この論文の結論です。

ベネットの提案を挙げましょう。

「韓国は、統一の費用を捻出《ねんしゅつ》し、李明博《イミョンバク》大統領（当時）が構想していた統一構想と一致した計画の概要を北朝鮮に明らかにすることもできる」

「韓国は北朝鮮にこれらの努力を伝える必要があるだろう」

アメリカの狙いは、金正恩一家の亡命か

ベネットの論文から判断できるのは、アメリカが、もはやイラク戦争のような軍事力の行使による体制変更はあきらめているということでしょう。むしろ、韓国と北朝鮮が融和的に統一してもらったほうが自分たちにも都合がよいという本音がにじんでいます。「統一朝鮮」が成立した場合、韓国を守る国連軍は必要ありませんから、現在の在韓米軍は引き上げるこ

とになります。つまり、朝鮮半島の安全保障からアメリカは完全に手を引くということになるでしょう。

この論文では明示されていませんが、北朝鮮という国家を支えるエリートが、身分や特権が保証されることで韓国との併合に前向きになれば、現在の「金王朝」はどうなるのでしょうか。当然、必要がなくなります。こうした論文が発表されている以上、アメリカの本音は、金正恩一族と北朝鮮エリートの間に楔《くさび》を打ち込み、金正恩を亡命させることにあると考えられるのです。

冷戦終結以降、アメリカが関与するクーデターはかなりの程度まで成功しています。東欧諸国の「カラー革命」しかり、「アラブの春」しかりです。北朝鮮は独裁国家ですから、他の諸国ほど工作は容易ではないと推測できます。ただ、金正恩一家が亡命すれば、「統一朝鮮」という国家を生み出すことがかなり容易になるでしょう。

この可能性について、北朝鮮の元政府高官も認めています。北朝鮮の元駐英副大使で、2016年韓国に亡命した太永浩《テヨンホ》が2017年11月1日、米下院外交委員会の公聴会で証言したことを「AFPニュース」が報道しています。それによると、太永浩は、北朝鮮国民による蜂起《ほうき》が金正恩政権の崩壊につながる可能性があると指摘しました。

この元駐英副大使は、具体的に次のように述べています。

「金正恩は恐怖による支配で権力を強化していると表面的には見えるが、北朝鮮国内では予想外に大きな変化が起こっている」

「(北朝鮮では)自由な市場が活性化し、多くの国民が自由な資本主義スタイルの市場に慣れてきており、国が営む社会主義経済システムがどんどん過去のものになっている」

「多くの国民が自分たちの生活状況の現実を徐々に知り始めている」

こうした変化が起こっているため、北朝鮮で国民の蜂起の可能性が高まっていると考えられると証言しています。※注8

3節　「統一朝鮮」の脅威

同盟国を拒否する韓国

金王朝なき後の北朝鮮が韓国との「統一」に向かって動く可能性が大きいとすれば、そのカウンターパートである韓国はどうなっているのでしょうか。

そもそも、韓国は北朝鮮による空前の軍事的脅威に晒《さら》されていたはずです。しかし、韓国はこの脅威から目を背《そむ》けようとしているとしか思えません。

たとえば、２０１７年10月28日の米韓国防相会談では、核・ミサイル開発を進める北朝鮮への圧力を高めるため、国際的な調整を強化するとともに、防衛当局として外交的努力を積極的に支援することで合意しましたが、その合意を３日後には覆《くつがえ》しています。中国の圧力に屈し、地上配備型ミサイル迎撃システムである「ＴＨＡＡＤ《サード》」の追加配備、米国のミサイル防衛網への参加、日米韓の軍事同盟化、この３点を拒否する「三不政策」を宣言したためです。

さらに、トランプ大統領と文在寅大統領の間で交わした共同発表文を、その配布の翌日に否定しています。11月9日午前、金顕哲《キムヒョンチョル》大統領経済補佐官が会見で、次のように述べました。

「日本は『インド・太平洋ライン』との名で、日本・オーストラリア・インド・米国をつなげる外交的ラインを構築しようとしているが、我々がそれに編入される必要はない」

この日米豪印の四カ国戦略対話は、事実上の中国包囲網ですが、この中に加わることを、前言をわずか1日で翻《ひるがえ》して否定したのです。北朝鮮に対しては、日本は韓国の事実上の「同盟国」であるはずですが、韓国はといえば、安全保障政策においても反日気質が抜けないようです。

北朝鮮の核開発問題を巡っては、北朝鮮による「核放棄の確約」を最優先に掲げる日米韓と、「対話再開」を求める中露との間で路線対立がありました。

確かに、中国とロシアが文在寅《ムンジェイン》政権の韓国を自陣営に引き込むことができれば、日米に対し中露韓が「対話重視」で対抗するという図式が生まれます。対中露包囲網に転化しかねない日米韓の協力関係に、楔を打ち込むこともできるでしょう。しかし、今回の韓国の動きは韓国自身のイニシアティブによるものと見られます。

「ハンギョレ新聞」の報道によると、文在寅大統領は、2017年の大統領選の時から、「大胆な朝鮮半島非核平和構想」を提唱していました。この構想は、「太陽政策と対北朝鮮抱擁政策を発展的に継承し、北朝鮮の変化を戦略的に引き出す」というものでした。

圧倒的な国防力によって北朝鮮を押さえ込み、極東の秩序を主導するということですが、どこまで本気なのかは明らかではありません。むしろ、「米国の戦略資産を積極的に活用するものの、韓国自ら名実が一致するように国防の責任を負う」とし、戦時作戦統制権の早期還収意向を明らかにしている点が問題でしょう。※注9

戦時作戦統制権を韓国に返還するならば、在韓米軍は撤退すると考えられます。つまり、韓国はアメリカとの同盟関係を破棄し、日本に対する敵対的姿勢は維持するということです。その時、対馬《つしま》海峡が「新たな冷戦」の最前線となるのです。

韓国に迫る経済破綻

ただ、北朝鮮の金正恩体制よりも早く崩壊しそうなのが韓国経済です。「中央日報」によれば、韓国経済が崩壊するのは、中国よりも韓国のほうが早いのではないかというのです。中国人民銀行の周小川総裁がミンスキー・モーメントについて言及したことは、すでに触れました。その根拠は、「中国の負債が急激に増えている」ことにありました。実際、中国の家計負債は２０１２年の16兆元（約２７２兆円）から昨年は33兆元（約５６１兆円）へと倍増しています。

しかし、「中央日報」によればそんな中国の家計負債も、韓国に比べると「雀の涙」だというのです。国内総生産（ＧＤＰ）に対する負債比率は44・３パーセントと、韓国の半分にもなりません。ミンスキー・モーメントは、中国よりも先に韓国に来る可能性が高いというのです。同紙の記事をもう少し紹介しましょう。

「ミンスキー・モーメントとは長期にわたり累積した負債の重みに経済が耐えられなくなる時に訪れる。韓国の家計負債の重さはどれほどか。数字で見ると心配になるほどだ。今年8月基準で１４００兆ウォン（約１４１兆円）を超えた。ＧＤＰ比で95・６％だ。経済協力開発機構（ＯＥＣＤ）のうち7番目に高い。可処分所得に対する比率も１７８・９％と、ＯＥＣＤで9番目だ。ペースも速い。２００５年以降、年平均8・２％ずつ増えた。

所得増加ペースをはるかに上回る。質も良くない。3カ所以上の金融機関から借りている多重債務者が400万人にのぼる。負債は臨界点を過ぎれば雪だるま式に膨らむ属性がある。すでに韓国の家計負債は臨界点を過ぎているのかもしれない」

韓国の通貨危機直後の1998年の家計の負債は183兆ウォンで、GDPの50パーセントを下回っていました。それが2002年には464兆ウォンに急増し、GDPの70パーセントを超え、それ以来、一貫して状況は悪化しているというのです。※注10

したがって、韓国経済が崩壊する可能性は想像以上に高いのかもしれません。北朝鮮と韓国の「統一」といっても、むしろ疲弊した韓国が、資源が豊かな北朝鮮との合併で救われることになるかもしれないのです。

また、「統一」後、最も懸念される問題は、北朝鮮のミサイル・核がうやむやにされることでしょう。たとえ設備を廃棄したとしても、人材は残っているので、資材を新たに購入するルートさえ確保できれば、「統一朝鮮」が再び核保有国として名乗りを上げる可能性も十分にあると考えられます。

ただ一つ確実なのは、「統一朝鮮」になっても、日本に対する敵視政策は変わらないということです。むしろ、日本やアメリカを敵視することで、従来の韓国のように国家の結束を図ろうとするでしょう。そして、それこそが中国の思うつぼなのです。

4節　2021年、米中衝突

中国の100年戦略

5章でも述べたとおり、中国は国内の資金不足の解消のために、アメリカ・日本からの協力を求めなければなりません。したがって、これまでしばしば問題となった尖閣諸島や南シナ海問題に関しても、中国はしばらくの間はおとなしくなると予想できます。

しかし、それはあくまで一時的な問題にすぎません。平松茂雄氏によると、中国は、毛沢東以来一貫して世界の覇権国家となるべく努力してきました。1950年のには朝鮮戦争、1954年にはインドシナ紛争でのディエン・ビエン・フーの戦闘、そして、1955年1月の蔣介石《しょうかいせき》軍と中国軍の間で起こった江山島《こうざんとう》と大陳島《だいちんとう》での戦いでは、アメリカから核の恫喝を受けます。

そこから毛沢東は、国家の安全保障には核・ミサイル兵器が不可欠と考えますが、装備できるまでに時間がかかります。その間に採用されたのが、「人民戦争」、つまり正規軍だけでなく、全人民で戦うという論理です。

「中国には6億の人口があるから、核攻撃で半分死んでも、しばらくたてばまた6億に戻る」

このように、毛沢東はフルシチョフに語っています。そして、1964年に、中国は核爆弾を完成させます。

1970年には、中距離弾道ミサイルが、1980年には、ついにアメリカ本土に到達する大陸間弾道ミサイルが完成します。

1980年代からは、鄧小平《とうしょうへい》によって人民解放軍の近代化が進められます。数度の兵員削減が行なわれ、人民解放軍は「局所戦争」を戦うことができる現代的なに進歩していきます。

また、それと並行して、1970年代からは東シナ海、南シナ海への進出が始まります。

パラセル諸島（西沙《せいさ》諸島）やスプラトリー諸島（南沙《なんさ》諸島）の実効支配だけでなく、日中の中間線付近で石油資源開発を進めています。

2007年には、弾道ミサイルにより、自国の老朽化した人工衛星を撃墜することに成功しています。※注11

また、その前後からサイバー空間にも進出し、そこに「一帯一路」構想を付け加えるならば、中国による世界征服が完成に近づきつつあることがわかるでしょう。「平和志向でナショナリズム的ではない中国」という見方は、まったくの虚像でしかありません。

そんな世界制覇をめざす中国のアイデアの源になっているのは、春秋《しゅんじゅう》戦国《せんごく》時代の思想、なかでも後半の戦国時代の思想であることが、最近になってようやく紹介されるようになってきました。

中国における戦国時代とは、周の権威が失墜した後、「戦国の七雄《しちゆう》」と呼ばれた7カ国が、陰謀や策略を通じて権力抗争を繰り広げた時代でした。現代の中国は、ここから多くの教訓を引き出しているというのです。

中国の軍事戦略研究の第一人者であるマイケル・ピルズベリーは、そのエッセンスを次の9つの点に集約しています。※注12

・敵の自己満足を引き出して、警戒態勢を取らせない
・敵の助言者をうまく利用する
・勝利を手にするまで、数十年、あるいはそれ以上、忍耐する
・戦略的目的のために敵の考えや技術を盗む
・長期的な競争に勝つうえで、軍事力は決定的要因ではない
・覇権国はその支配的な地位を維持するためなら、極端で無謀な行動さえ取りかねない
・勢を見失わない
・自国とライバルの相対的な力を測る尺度を確立し、利用する
・常に警戒し、他国に包囲されたり、騙されたりしないようにする

このエッセンスを読めば、日本だけでなく、アメリカも中国に対して警戒を怠ってきたことがよく理解できるのではないでしょうか。日本の過去の膨大なODAにしても、「敵の自己満足を引き出して、警戒態勢を取らせない」という策にかかっていたといえます。また、中国のスパイ活動は、民間・軍事を問わず膨大な規模で行なわれています。これは、「戦略

的目的のために敵の考えや技術を盗む」に相当するでしょう。

この中でとくに注意を要するのが、3つ目の「勝利を手にするまで、数十年、あるいはそれ以上、忍耐する」です。中国は目標達成のためには時間をかけることを厭《いと》わないのです。

そのことは、習近平の発言からも確認できます。習近平は2012年の就任直後に、「中国の夢」という言葉を口にしています。「ウォールストリート・ジャーナル」によると、習近平は、その夢が実現するのは2049年であると考えています。※注13

2049年は、毛沢東が中国という共産主義国家を樹立してから100年目です。つまり、100年という時間をかけて、中国の野心を実現しようというわけです。

記念すべき年までに「台湾との統一」

中国共産党には、もう一つ重要な年号があります。それは、1921年です。コミンテルンの主導により、陳独秀《ちんどくしゅう》や毛沢東らが各地で結成していた共産主義組織を糾合《きゅうごう》する形で、中国共産党第1次全国代表大会が開催されたのが、この年の7月です。

そこから100年目という数を重視するならば、「2021年」という年に合わせて、何らかの行動に出るとも考えられるでしょう。そして、その行動とは、「台湾との統一」である可能性が高いのです。

「産経新聞」の記事は、米シンクタンク「プロジェクト2049研究所」で、アジア・太平洋地域の戦略問題を専門とする研究員、イアン・イーストンの論を取り上げています。人民解放軍の内部教材を参考にして著わしたという“The Chinese Invasion Threat”（中国侵略の脅威）は、中国による「台湾侵攻計画」を暴露しています。

イーストンは、「中国が2020年までに台湾侵攻の準備を終える」と指摘し、早ければ3年後に中台戦争が勃発する可能性があるというのです。

それに呼応するかのように、2017年10月の共産党大会で、習近平は、「3つの歴史的任務の達成」を宣言するのですが、その一つ「祖国統一の完成」とは、台湾を中国の地図に加えることに他ならないというわけです。※注14

中国が台湾に手を伸ばしたら、さすがにアメリカは黙ってはいません。米中衝突です。その際には、中東で、東欧で、そして、インドと中国の間で、次々と戦線が開かれることになるでしょう。第三次世界大戦が幕を開けるのは、まさにその瞬間です。当然、北朝鮮（韓国と併合した場合は「統一朝鮮」）も、アメリカに対立する立場で戦争に参加することになります。そして、日本にとっても、国家存続の正念場を迎えるのです。

その意味では、後世、２０１７年の「北朝鮮危機」とは、第三次世界大戦の前哨戦であったと回想されることになることでしょう。

あとがき――黄金の20年代に向けて

期せずして、２０１７年末時点の未来予想図を本書で提示することができました。

アメリカのトランプは「アメリカ・ファースト」、英国は「ＥＵ離脱」、それ以外のＥＵ諸国、とくにドイツは「難民受け入れ」、イスラム原理主義は「イスラム世界帝国の樹立」、中国は「古代帝国化」で歴史の荒波を乗り切ろうとしています。

多くの原理、多くの原則が、競合する時代に入りました。米中対立から始まる世界大戦は回避できないでしょう。しかし、幾多の困難はあれ、日本の未来は明るいと断言しておきたいと思います。

本書の執筆に当たっては、多くの報道、研究者・アナリストの著作を参考にさせていただきました。これらの関係者の皆様には心から御礼を申し上げます。また、本書を手にとってくださった読者の皆様にも感謝しています。現在、「First Hedge　明日の投資情報」というブログで情報分析を行なっています。こちらも参考にしていただければ幸いです。最後になりましたが、本書を担当してくださったHさん。お手数をかけました。そして、ありがとうございました。金正恩亡命の暁には、祝杯を挙げましょう。

筆者

参考・引用文献

1章　北朝鮮は何をしたいのか

※注1「ニューヨーク・タイムズ」記事 "Motives of North Korea's Leader Baffle Americans and Allies" ２０１７年9月3日

※注2「ロイター」（日本語版）記事「焦点：核危機　調停力失うEU、冷え込む北朝鮮との裏ルート」、２０１７年10月5日

※注3 外務省報道発表「鯰アジア大洋州局参事官のスイス出張」、平成29年9月13日

※注4「ミラー」記事 "North Korea leader Kim Jong-un's schooldays in Switzerland revealed" ２０１１年12月22日

※注5「ロイター」（日本語版）記事「焦点：北朝鮮が自賛する国産装置、兵器開発の立役者に」、２０１７年10月14日

※注6 グレンコア社ホームページ

※注7 平井久志「フォーサイト」記事「鉱物資源を生かせない北朝鮮のジレンマ」、２０１０年4月号

※注8 宮塚利雄「北朝鮮の地下資源の現状」（『経営情報学論集』第18号、２０１２年2月）57～58ページ

※注9 前掲　58～59ページ

※注10 前掲　59ページ

※注11「中央日報」（日本語版）記事「北朝鮮の原油埋蔵量は世界8位?…採掘費なく〝絵に書いた餅〟」、２０１５年3月18日

※注12 平井久志「フォーサイト」記事「鉱物資源を生かせない北朝鮮のジレンマ」、２０１０年4月号

※注13「ロイター」（日本語版）記事「朝鮮半島の統一、実現に必要なコストは２５０兆円」、２０１０年9月14日

※注14 日本貿易振興協会レポート「２０１６年度　最近の北朝鮮経済に関する調査」２０１７年3月

※注15「中央日報」（日本語版）記事「北外務省高官、米国を批判、韓国には否定的発言を自制」、２０１７年10月25日

※注16 アブドル・カディル・カーン「ニューズウィーク日本版」記事「『核開発の父』カーン博士の独白」、２０１１年6月27日

※注17 Alex Vatanka, *Iran and Pakistan: Security, Diplomacy and American Influence* (London: I.B.Tauris, 2015) kindle版

※注18 Ahmed Rashid, "Pakistan After Reagan", *Middle East Report*, Volume: 18 November/December 1988

※注19「BBCニュース」記事 "Saudi nuclear weapons 'on order' from Pakistan" ２０１３年11月6日

※注20 William E Berry, Jr, *Global Security Watch Korea* (Praeger Security International, London, 2008) pp75-77

※注21　日本大百科全書ニッポニカ「六か国協議」、小学館
※注22　Intelligence Online no.190 dated 25 march, 1992, THE NEXT NUCLEAR POWER?
※注23　Intelligence Online no.213 dated 17 march 1993, COMPARATIVE THREAT ANALYSIS
※注24　Intelligence Online no.248 dated 21 september 1994, EITAN BEN-TSUR
※注25　Intelligence Online no.643 dated 16 June 2011, North Korean uranium for Tehran
※注26　Intelligence Online no.651 dated 27 October 2011, Khamenei drives Iran's nuclear race

2章　第二次朝鮮戦争の見取り図

※注1　「テレグラフ」（電子版）記事"Britain draws up battle plan for war with North Korea"２０１７年10月9日
※注2　「日本経済新聞」記事「ＮＡＴＯ事務総長、北朝鮮　グローバルな脅威」２０１７年10月28日
※注3　Malcolm Chalmers, "Preparing for War in Korea" *RUSI Whitehall Report*, pp.4-17, September 2017
※注4　「ブルームバーグ」レポート　"Korea War Seen Killing Up to 300,000 Even Without Nukes"２０１７年10月28日

3章　北朝鮮の核が日本に落ちるとき

※注1　「産経新聞」記事「規模は１６０キロトンと修正　小野寺五典防衛相　広島原爆の10倍」２０１７年9月6日
※注2　「ブルームバーグ」（日本語版）レポート「小野寺防衛省：北朝鮮は核保有国として認められる能力に達している」２０１７年9月10日
※注3　「38ノース」レポート"North Korea's Punggye-ri Nuclear Test Site: Satellite Imagery Shows Post-Test Effects and New Activity in Alternate Tunnel Portal Areas"２０１７年9月12日
※注4　http://nuclearsecrecy.com/nukemap/
※注5　兵藤二十八『東京と神戸に核ミサイルが落ちたとき所沢と大阪はどうなる』講談社、２０１７年、１１８～１１９ページ

4章　トランプ政権の軋みと将来

※注1　「NBCニュース」記事“Tillerson's Fury at Trump Required an Intervention From Pence” 2017年10月4日
※注2　「ヒル」記事“Report: Trump administration officials urged furious Tillerson not to quit” 2017年10月4日
※注3　「ヒル」記事“Trump's 'Band of Brothers' stirs interest” 2017年10月7日
※注4　「ヒル」記事“Tillerson on Corker's castration comment: 'I checked, I'm fully intact'” 2017年10月15日
※注5　「ヒル」記事“Mattis gaining power in Trump's Cabinet” 2017年6月20日
※注6　「ブルームバーグ」レポート“This Man Is the Most Dangerous Political Operative in America” 2015年10月8日
※注7　「APニュース」記事“Bannon faults George W. Bush for 'destructive' presidency” 2017年10月21日
※注8　「ネイション」記事“Mitch McConnell's Freighted Ties to a Shadowy Shipping Company” 2014年10月30日
※注9　「ワールド・ネット・デイリー」記事“Trump shocker! Who is Elaine Chao?” 2016年11月29日
※注10　「ワシントン・ポスト」記事“Huang's Bipartisan Money Game” 2001年1月18日
※注11　「ワールド・ネット・デイリー」記事“Trump shocker! Who is Elaine Chao?” 2016年11月29日
※注12　「ブルームバーク」レポート“Bannon's Back and Targeting China” 2017年9月28日
※注13　前掲
※注14　前掲
※注15　「APニュース」記事“Bannon faults George W. Bush for 'destructive' presidency” 2017年10月21日
※注16　「ワシントン・イグザミナ」記事“Jared Kushner texted Steve Bannon after his fiery Hannity apearance” 2017年10月11日
※注17　「ブルームバーク」レポート“Bannon's Back and Targeting China” 2017年9月28日
※注18　「産経新聞」記事「砂の万里の長城築く　中国の南シナ海埋め立てに、米太平洋艦隊司令官が懸念」 2015年4月1日
※注19　「ブルームバーク」（日本語版）レポート「人民銀総裁が警告、中国はミンスキー・モーメントの脅威防ぐ必要」 2017年10月20日

5章　第三次世界大戦に突入する中国

※注1　「大和総研」レポート「グラフで見る2017年7月の中国経済動向」 2017年8月

※注２　「スウィフト」レポート「人民元の国際化は２０１６年に失速」２０１７年1月
※注３　「産経新聞」記事「中国経済工作会議が閉幕、積極財政と人民元安定など方針」２０１６年12月16日
※注４　「大和総研」レポート「中国：地方政府財政の構造的問題」２０１７年6月
※注５　「日本経済新聞」記事「中国　隠れ借金拡大　地方政府、債券発行27兆円」２０１６年11月23日電子版
※注６　「ロイター」（日本語版）記事「コラム：中国の改革を阻むゾンビ企業の過剰雇用」２０１６年3月7日
※注７　大西康雄「一帯一路 構想の現状と課題」アジア経済研究所・上海社会科学院共編『一帯一路構想とその中国経済への影響評価』研究会報告書、アジア経済研究所、２０１７年
※注８　白石隆「中国一帯一路、インド、包囲網構築を警戒」『読売新聞』２０１７年11月12日
※注９　大西康雄「一帯一路 構想の現状と課題」アジア経済研究所・上海社会科学院共編『一帯一路構想とその中国経済への影響評価』研究会報告書、アジア経済研究所、２０１７年
※注10　張平「中国エネルギー戦略の新展開」『ＥＤＭＣエネルギートレンド』２０１５年
※注11　栗田真広「中国・パキスタン経済回廊をめぐる国際政治と安全保障上の含意」ＮＩＤＳコメンタリー、第61号、２０１７年6月14日、１ページ
※注12　Syed Farooq Hasnat, *Global Security Watch PAKISTAN* (New Delhi: PENTAGON PRESS, 2011), p.15
※注13　「ニューズウィーク日本版」記事「近年最悪の緊張状態にあるカシミール戦争」２０１６年10月13日
※注14　Syed Farooq Hasnat, *Global Security Watch PAKISTAN* (New Delhi: PENTAGON PRESS, 2011), pp.28-9
※注15　Christopher J. Pehrson, string of Pearls: meeting the challenge of china's rising power across the asian littoral, 2006
※注16　「産経新聞」記事「中印、国境対峙40日　モディ印政権、最大の試練　中国は係争地で道路建設」２０１７年7月27日
※注17　「産経新聞」記事「インド、対中重視から一転強硬姿勢に　不買運動訴えも」２０１７年7月2日
※注18　「インディアン・エクスプレス」記事“Japan to chair first quadrilateral meeting in Manila next week”２０１７年11月10日
※注19　村田雅志『人民元切り下げ』東洋経済新報社、２０１６年。85ページ
※注20　「日本経済新聞」（電子版）記事「中国の資本規制、日本企業に影　海外送金ストップ続出」２０１７年3月18日
※注21　中澤克二『中国共産党闇の中の決戦』日本経済新聞出版社、２０１６年、pp.148-160
※注22　「産経新聞」（電子版）記事「野口裕之の軍事情勢　習近平氏が人民解放軍「瀋陽軍区」に怯えている！　核の原料・技術を平壌に

流す？　最精強集団」２０１７年8月14日

6章　危険なロシア

※注１　「ロイター」（日本語版）記事「焦点　ロシアの危険な綱渡り、北朝鮮支援をひそかに加速」２０１７年10月8日

※注２　前掲

※注３　「ヒル」記事"Putin warns against backing North Korea into a corner"２０１７年10月19日

※注４　「ハンギョレ新聞」（日本語版）記事「南北ロ、９本の架け橋で北朝鮮核問題を解決　文大統領「新北方政策」構想を発表」２０１７年9月8日

※注５　「産経新聞」記事「北朝鮮がウラジオで露高官と極秘会談　住民は反発　北は隣人のことを何も考えてない」２０１７年9月9日

※注６　「産経新聞」記事「フェイスブックが特別検察官に情報提出　情報工作を探る　米紙報道」２０１７年9月16日

※注７　Richard Weitz, *Global Security Watch Russia* (ABC CLIO: Oxford, 2010), pp.83-93

※注８　Intelligence Online no.726 dated 24 December, 2014, CIA, weakened, looks to the East

※注９　Richard Weitz, *Global Security Watch Russia* (ABC CLIO: Oxford, 2010), pp.133-157

※注10　Intelligence Online no.767 dated 28 september, 2016, Chinese infiltration from above in Prague

※注11　「産経新聞」記事「露とベラルーシが合同軍事演習　10万人超参加か　警戒強めるＮＡＴＯ」２０１７年9月14日

※注12　「ＡＦＰニュース」（日本語版）記事「ロシア、カリーニングラードに弾道ミサイル　ＮＡＴＯ諸国反発」２０１６年10月9日

7章　深まる中東の混迷

※注１　Amir Taheri, "The United States and the Reshaping of the Greater Middle East," *American Foreign Policy Interests*, Vol. 27, 2005, p.286

※注２　「ブルームバーグ」レポート"Putin Is Filling the Middle East Power Vacuum"２０１７年10月3日

※注３　"The $1bn hostage deal that enraged Qatar's Gulf rivals", *Financial Times*, JUNE 5, 2017

※注４　Intelligence Online no.784 dated 07 June, 2017, "How Washington allowed the anti-Qatar offensive to come into being"

※注5　Intelligence Online no.781 dated 26 April, 2017, "Rosneft-Qatar deal puzzles CIA"
※注6　「NHKニュース」記事「イスラエル軍がサウジアラビアに異例の連帯呼びかけ」２０１７年11月17日
※注7　「エコノミック・タイムス」記事"Major boost to ties: Israeli PM Benjamin Netanyahu coming in mid-January" ２０１７年11月15日
※注8　「産経新聞」記事「内戦終結視野、露がイラン・トルコと3カ国首脳会談　外交攻勢で影響力誇示」２０１７年11月23日
※注9　「プレスTVニュース」記事"Iran, Russia, Turkey military chiefs meet in Sochi" ２０１７年11月21日

8章　北朝鮮危機から第三次世界大戦へ

※注1　SECRETARY OF DEFENSE JIM MATTIS HOUSE ARMED SERVICES COMMITTEE WRITTEN STATEMENT FOR THE RECORD MONDAY, JUNE 12, 2017
※注2　米国防総省レポート"Sequestration Poses Biggest Threat to Readiness, Military Leaders Say" ２０１６年3月15日
※注3　「マリン・コープス・タイムス」記事"A hectic pace in the Pacific: III MEF Marines face far-flung missions as Asia threats grow" ２０１７年10月8日
※注4　「ディフェンス・ニュース」記事"Navy crews at fault in fatal collisions, investigations find" ２０１７年11月1日
※注5　「ディフェンス・ニュース」記事"US Navy worked around its own standards to keep ships underway: sources" ２０１７年9月7日
※注6　柏原竜一『陰謀と虐殺』ビジネス社、２０１６年、第6章
※注7　「ランド研究所」レポート"Preparing North Korean Elites for Unification" ２０１７年4月27日
※注8　「AFPニュース」（日本語版）記事「金正恩政権、国民の蜂起で崩壊の可能性も 亡命した元高官が指摘」、２０１７年11月2日
※注9　「ハンギョレ新聞」（日本語版）記事「文在寅「核のない朝鮮半島を韓国が主導」韓国役割論を提示」、２０１７年4月23日
※注10　「中央日報」（日本語版）記事「時視各角「ミンスキー・モーメント」中国より先に韓国にくる」、２０１７年10月27日
※注11　平松茂雄『毛沢東と鄧小平の「百カ年計画」』オークラ出版、２０１３年
※注12　マイケル・ピルズベリー『秘密裏に遂行される「世界覇権１００年戦略」』野中香方子訳、日経BP社、２０１５年、55〜60ペー

ジ

※注13 「ウォールストリート・ジャーナル」記事"For Xi, a 'China Dream' of Military Power" 2013年3月13日

※注14 「産経新聞」記事「中国が2020年までに台湾侵攻の準備を終える　暴かれた習近平指導部の計画　尖閣諸島奪還は2040～45年」、2017年11月18日

柏原竜一　かしはら・りゅういち

1964年（昭和39）生まれ。京都大学文学部西洋史学科、同大学文学部フランス語学・文学科卒。ジャーナリスト、情報史専門家。著書に、『中国の情報機関――世界を席巻する特務工作』『陰謀と虐殺　情報戦から読み解く悪の中東論』『インテリジェンス入門　英仏日の情報活動、その創造の瞬間』などがある。月刊「治安フォーラム」に連載中。

北朝鮮発《きたちょうせんはつ》 第三次世界大戦《だいさんじせかいたいせん》

柏原竜一《かしはらりゅういち》

2018年 1月10日　初版第 1 刷発行

発行者……………辻 浩明
発行所……………祥伝社《しょうでんしゃ》
〒101-8701　東京都千代田区神田神保町3-3
電話　03(3265)2081(販売部)
電話　03(3265)2310(編集部)
電話　03(3265)3622(業務部)
ホームページ　http://www.shodensha.co.jp/

装丁者……………盛川和洋
印刷所……………萩原印刷
製本所……………ナショナル製本

造本には十分注意しておりますが、万一、落丁、乱丁などの不良品がありましたら、「業務部」あてにお送りください。送料小社負担にてお取り替えいたします。ただし、古書店で購入されたものについてはお取り替え出来ません。
本書の無断複写は著作権法上での例外を除き禁じられています。また、代行業者など購入者以外の第三者による電子データ化及び電子書籍化は、たとえ個人や家庭内での利用でも著作権法違反です。

© Ryuichi Kashihara 2018
Printed in Japan　ISBN978-4-396-11526-5　C0231

〈祥伝社新書〉
韓国、北朝鮮の真実をさぐる

257
朝鮮学校「歴史教科書」を読む
門外不出の教科書を入手して全訳、その内容を検証する
井沢元彦
萩原　遼

282
韓国が漢字を復活できない理由
韓国の漢字熟語の大半は日本製。なぜ、そこまで日本を隠すのか？
豊田有恒

313
困った隣人　韓国の急所
なぜ韓国大統領に、まともに余生を全《まっと》うした人がいないのか
井沢元彦
呉　善花

365
どの面《ツラ》下げての韓国人
韓国的思考を徹底解明！
豊田有恒

502
韓国は、いつから卑しい国になったのか
反日のメカニズムが、この1冊でわかる！
豊田有恒